20 histoires pour comprendre l'économie mondiale

D'AUTRES LIBRIO À DÉCOUVRIR POUR S'INSTRUIRE

La Petite Histoire du monde, Librio n° 1174
La Petite Histoire de France, Librio n° 1173
Portraits de résistants, Librio n° 1133
Les Grandes Batailles de l'histoire, Librio n° 896
Les Grandes Énigmes de l'histoire, Librio n° 895
Les Grandes Inventions de l'histoire, Librio n° 887
Les Grands Mythes antiques, Librio n° 866
Les Grands Discours de l'histoire, Librio n° 854
Les Grands Noms de l'histoire, Librio n° 853
Les Grandes Dates du XX*e* *siècle*, Librio n° 852
Les Reines de France, Librio n° 782
Chronologie universelle, Librio n° 773
Histoire romaine, Librio n° 720
Dieux et pharaons de l'Égypte ancienne, Librio n° 652
Guerres et conflits du XX*e* *siècle*, Librio n° 651
Les Rois de France, Librio n° 650
Dieux et héros de la mythologie grecque, Librio n° 593

Alessandro Giraudo

20 histoires pour comprendre l'économie mondiale

Librio

Sommaire

Introduction

Un œil attentif aux matières premières,
aux conflits, aux changements du climat, aux moments de rupture
et de dislocation des équilibres

Umberto Eco, dans une interview donnée au *Figaro* en 2002, avait affirmé avec force : « L'histoire, comme le roman, est faite de mensonges. » En effet, la Grande Histoire a été écrite essentiellement par les gagnants des guerres et par leurs historiographes officiels, devenus les notaires complaisants des « vérités » de ces gagnants. En revanche, les petites histoires factuelles ont une chance d'être beaucoup plus vraies. Ce livre a un objectif précis : parler de curiosités et d'anecdotes historiques, très souvent oubliées, volontairement ou par hasard. Évidemment, la sélection est tout à fait personnelle et largement discutable. Les préférences de l'auteur se polarisent fréquemment autour des matières premières, des conflits militaires, du climat, des moments de rupture et de discontinuité. Il s'agit de thèmes très peu développés dans la littérature de l'histoire économique. Souvent, une lecture avec un angle légèrement différent peut contribuer à une meilleure compréhension des faits économiques et des événements politiques comme l'essor et la chute des empires et des civilisations.

Les grands flux géographiques de l'or, de l'argent et des épices se mélangent avec les grandes migrations, les transferts forcés de populations entières, les marchés des esclaves et les guerres, qui ont été les plus grands chaudrons où l'on a fait de l'alchimie, désordonnée et casuelle, avec le sang et la culture des peuples, préparant ainsi un nouvel ADN de l'humanité. Les marchés et les ports ont toujours été les centres de gravité des flux de marchandises, d'hommes et d'idées, et l'un des moteurs de la globalisation. Dans ces lieux pivots de l'échange se mêlent les parfums de l'encens et des épices, les odeurs de friture de viandes et de poissons, les fragrances des fruits frais, la sueur des hommes, les baumes et les effluves envoûtants de certaines femmes, la puanteur des animaux bâtés, la musique des saltimbanques, les discussions animées des marchands, la parole des religieux, les ordres braillés des militaires et des vigiles chargés de faire respecter les règles. Vendeurs de marchandises simples ou luxueuses, de rêves et d'imaginaire, de plaisir, de culture et de passeports spirituels pour le ciel se mélangent dans une véritable tour de Babel de langues et côtoient la misère profonde et la richesse ostentatoire. D'un côté, il y a le désespoir des esclaves vendus dans l'île de Délos, des esclaves Zanj se rebellant dans le delta de Bassora pendant une quinzaine d'années, des hommes creusant sans espoir dans les mines de Nubie, du bassin centre-asiatique de Mawara'an-nahr, des régions centre-européennes et dans les mines américaines de l'empire espagnol, et la résignation des femmes travaillant dans les lupanars romains, de celles vivant comme des esclaves dorées dans les harems ottomans et des Ming, des jeunes ouvrières au chômage de l'industrie textile qui exercent dans les bordels de Shanghai entre les deux guerres. De l'autre, il y a le confort des riches marchands romains du Forum, de certains hommes des bazars des califats, des banquiers florentins et des marchands vénitiens, des prélats de la Curie romaine de la Contre-Réforme, des opulents négociants des Compagnies des Indes orientales hollandaise et anglaise, des capitaines de l'industrie naissante en Europe et sur la côte atlantique américaine se préparant à goûter l'insouciance de la Belle Époque… sans oublier toutes les cours princières, royales et impériales vivant des moments fastes et soyeux.

La difficulté de comprendre les moments de rupture

Toute l'histoire est un *nodo avviluppato* (« nœud inextricable »), comme le chante le sextuor dans la *Cendrillon* de Rossini. Le passage entre la civilisation du bronze et celle du fer a été un choc majeur pour plusieurs générations, ainsi que l'ont été la chute de la dynastie des Han ou de l'empire romain. Les conquêtes foudroyantes et l'essor des califats musulmans sont contemporains de la chute des Mayas et de la dynastie des Tang. Le fracas des croisades, la peur suscitée par les conquêtes et la violence destructrice des Mongols se mélangent et se chevauchent avec les grands voyages de Marco Polo, d'Ibn Battuta et du très riche empereur malien Moussa… Et le tout se termine avec l'hécatombe provoquée par la grande peste, qui en moins d'un quart de siècle tue un habitant sur trois des continents connus à l'époque. Et celle-ci est juste précédée par la plus grande faillite de toute l'histoire bancaire mondiale : celle de certaines banques toscanes qui, entre autres, ont prêté trop d'argent aux rois et princes européens en banqueroute quasi permanente pour se faire la guerre.

Au début, les grandes découvertes géographiques européennes ne bouleversent que marginalement la stabilité des deux pays qui sont les plus riches du monde : la Chine et l'Inde. Mais très peu d'habitants de ces deux grands pays bénéficient de cette richesse. Par la suite, armes à feu et avidité des Européens déterminent l'évolution des pays dans le bassin indien et dans la mer de Chine. Après le premier choc pour les hommes du pouvoir politique et économique, incapables d'analyser tout de suite la nouvelle réalité mondiale, le menu peuple écarquille les yeux quand il apprend l'existence d'un nouveau continent, et probablement se réjouit de la baisse des prix des épices transportées par galions et caraques reliant directement le bassin indien et les grands ports de distribution européens, mais toute l'Europe subit de plein fouet la forte inflation du XVIe siècle. Très peu de gens se rendent compte que le centre de gravité économique transite de la Méditerranée latino-ottomane vers le nord de l'océan Atlantique et le bassin indien ; entre-temps se renforce progressivement le quadrilatère Macao-Malacca-Nagasaki-Manille. Et très peu de contemporains de la Renaissance comprennent qu'ils vivent un moment extraordinaire, accablés comme ils le sont par les guerres, les famines et une mortalité infantile foudroyante. Les conquistadores, les marins, les marchands et les religieux se lancent dans des aventures qui se soldent par une mortalité de 30 % par voyage. Ils achètent les rats du bateau pour un demi-ducat afin de disposer de quelques protéines fraîches ; ils sont rongés par le scorbut, les fièvres et la dysenterie, ou tout simplement par la soif ! Très peu de gens comprennent qu'une partie de la Renaissance européenne se nourrit du sang et de la sueur des hommes victimes de la *mita* et des esclaves travaillant dans l'enfer de Potosí, respirant le poison dans les mines de mercure d'Almadén et de Huancavelica, ou encore des mineurs creusant dans les mines de plus en plus profondes des massifs montagneux de l'Europe centrale et d'Iwami Ginzan, au Japon.

Entre-temps, l'Europe continue à s'étriper pour des raisons religieuses et soigne, sans espoir, une autre vague de peste transportée par les troupes qui ravagent le vieux continent pendant que les Ashigaru japonais se battent à coups de mousquet (vendus par les marchands portugais) au cours de la longue guerre civile pour choisir le shogun. La terrible guerre de Trente Ans, subie par beaucoup de Mère Courage, peinte avec un réalisme dramatique par le Bourguignon et Jacques Callot, se termine quatre ans après le suicide du dernier empereur de l'éblouissante dynastie des Ming, qui a juste le temps de s'enfuir de la Cité interdite pour se pendre à un arbre, comme Judas. Trop nombreux sont ceux qui n'ont pas la possibilité de bénéficier de la diffusion de nouvelles technologies, ni de savourer le chocolat, ni de caresser les soies chinoises, persanes, lyonnaises, calabraises et comasques (de Côme), ni d'admirer le travail d'orfèvre des dentellières, ni de souper dans des porcelaines chinoises et d'Imari à la lumière des lustres de Murano ou de Bohême. Dans le meilleur des cas, ils sèment du maïs, des tomates et, plus tard, des pommes de terre pour calmer leur faim ; ils n'ont pas le temps d'apprendre, tout de suite, que la Terre n'est plus au centre de l'univers. En Europe, ils affrontent les rigueurs du climat et subissent de plein fouet les dégâts de la grande peste bovine de 1711 ; le Japon se recroqueville pendant plus deux siècles avec le *sakoku* ; les Mandchous achèvent de conquérir et de stabiliser l'empire du Milieu ; l'empire russe découvre ses confins sibériens ; et les négriers profitent de leur triste commerce triangulaire, remplaçant les corsaires et les pirates dans les Caraïbes.

Essor et chutes des empires

Les empires portugais, espagnol, hollandais et moghol tombent en lambeaux tandis que l'empire anglais récolte des succès en Asie, même s'il perd les colonies américaines. La Révolution française surprend de nombreux gouvernants partis à la chasse estivale, avant que le tourbillon napoléonien ne déplace des millions de soldats et de civils sur l'échiquier européen. La houille anglaise gagne la bataille contre la tourbe hollandaise dans la nouvelle révolution industrielle qui, encore une fois, attire des millions de paysans vers les agglomérations urbaines insalubres, et la vie du monde agricole des colonies est bouleversée par le progrès de la chimie des couleurs et de la technologie qui avance sans interruption dans le vieux continent. Les ravages sociaux de ce phénomène sont terrifiants dans le reste du monde et en Europe ; celle-ci se lance dans une nouvelle vague de conquêtes territoriales mondiales, à la recherche d'un *Lebensraum* qui probablement n'existe pas. Au cours du premier quart du XXe siècle s'effondrent trois empires, avec d'importantes répercussions sur Beijing, Constantinople et Londres. Et, durant la Seconde Guerre mondiale, les États-Unis confirment leur nouveau rôle avec leur incroyable transfert de matériel militaire, civil et alimentaire vers les Alliés et l'URSS ; grâce à l'aide de l'Oncle Sam, Moscou peut contenir les *Panzerdivisionen* avant que les GIs ne puissent mettre un pied sur les plages normandes… Le dernier chapitre est dédié à l'hyperinflation qui a balayé le système monétaire en Hongrie juste après la guerre. Cet événement est difficile à comprendre en ce moment où les banques centrales luttent contre la baisse de l'inflation… après avoir passé les trente dernières années à combattre l'hydre à sept têtes de l'inflation !

Probablement, une seule conclusion s'impose : la grande majorité des hommes et de leurs gouvernants sont systématiquement en retard par rapport à la réalité qu'ils sont en train de vivre. Changer de lunettes pour mieux voir et mieux comprendre les événements au cours d'un spectacle est une opération difficile ; elle exige autant d'efforts que de curiosité. Combien d'hommes, dans toute l'histoire, ont su saisir très rapidement les transformations de la réalité ? C'est le défi permanent lancé à l'humanité…

1

Quand les Assyriens payaient le fer huit fois le prix de l'or

Les Assyriens habitent sur les terres comprises entre le nord de la Mésopotamie, la Syrie et le sud de l'Anatolie. Il y a environ quarante-cinq siècles, sur leurs marchés, on négocie le fer à un prix qui fluctue autour de huit fois celui de l'or. On a des traces de ces échanges dans cette région, mais les prix ne sont pas très différents de ceux pratiqués sur les marchés de régions limitrophes. En effet, à l'époque, presque tout le fer utilisé sur la terre est d'origine météorique. L'homme ne sait pas encore produire la température nécessaire pour faire fondre le fer (1 535 °C), même s'il recourt à une technique relativement sophistiquée. En pratique, il a appris à produire de la chaleur avec le charbon de bois. Cela justifie le prix exorbitant du bois, car il faut être proche des sources, le couper, transporter le charbon de bois dans les zones minières… avec des risques de déforestation de régions entières qui ont laissé des traces dans l'histoire (Chypre, Éphèse, Priène, Milet et, beaucoup plus tard, l'est londonien, certaines forêts dans le centre de l'Europe, etc.). La capacité de produire des températures élevées a été – et reste encore aujourd'hui – un des critères pour évaluer le stade technologique d'une civilisation. Elle explique le passage de l'époque de la pierre (300-400 °C) à celle du bronze (environ 1 100 °C), à celle du fer (1 500-1 600 °C), à la civilisation technologique actuelle (températures industrielles bien supérieures et températures négatives proches du zéro absolu), sans considérer la technologie des scientifiques qui savent produire des températures extrêmement élevées pendant des nanosecondes…

Le fer des météorites, cadeau des dieux

Dans beaucoup de langues antiques, les expressions utilisées pour désigner le fer font référence aux cieux. Les Sumériens l'appellent *an-bar* (« feu du ciel »), et les Hittites *ku-an* (même sens). Le mot égyptien *bia-en-pet* signifie « coup de foudre du ciel » ; le mot hébreu *parzil*, « métal de dieu ou des cieux »… Encore maintenant, en géorgien, « météorite » se dit « fragment du ciel ». À l'époque, beaucoup d'hommes cherchaient des météorites, encore plus que de nos jours, surtout dans les déserts. En effet, il est plus facile de les trouver dans les zones où elles ne s'enfoncent pas trop dans le terrain ; en revanche, dans les forêts ou dans les montagnes, la recherche est plus difficile à cause d'un sol humide et de la structure pierreuse des sommets. Très souvent, des météorites ont incendié des forêts, comme le signale Hésiode avec le mont Ida qui a brûlé après la chute d'une météorite (un incendie très connu dans l'histoire de la Crète).

Le fer est exposé dans les temples et très convoité par les puissants

Pendant longtemps, le fer a suscité l'imaginaire du divin et du céleste. Beaucoup de météorites ont été exposées dans des temples sur les autels à côté de l'or. Elles sont vénérées par les fidèles, à la fois émerveillés et effrayés par l'origine de ces « morceaux de ciel ». Par exemple, le temple de Diane à Éphèse aurait été bâti sur le lieu où une météorite était tombée. La pierre noire de la Kaaba à La Mecque est probablement une météorite. Les puissants aussi veulent disposer d'objets et de symboles du pouvoir fabriqués avec une météorite. C'est le cas d'Attila et de Tamerlan ! Au cours des cérémonies officielles, de nombreux califes sont armés de cimeterres fondus avec des météorites… Quand ils arrivent au Mexique, les conquistadores espagnols sont très surpris par les couteaux et les dagues en fer des chefs ; mais la civilisation aztèque ne sait pas fondre ce métal et aucune fonderie pour le fer n'est trouvée dans les territoires occupés. À partir de Thalès de Milet (600 av. J.-C.), on parle de magnétite, fer naturellement magnétisé, que certains marins utiliseraient pour leur navigation. Le prix très élevé du fer est justifié par la demande religieuse, « politique », militaire et économique quotidienne. Par exemple, quand le roi Pôros reçoit Alexandre, après avoir subi une grave défaite au cours de la bataille de l'Hydaspe, il lui offre son trésor et 30 kilos de fer, probablement le fameux métal indien de Wootz, avec lequel on produira par la suite les épées de Damas. D'autres sources parlent de 30 talents de fer ; un talent pesant de 28 à 30 kilos.

Une sidérurgie pauvre

On a des traces de petits objets de fer fondus en Égypte et en Mésopotamie (environ 5000 av. J.-C.) ; d'autres objets ont été trouvés dans les mêmes régions (probablement datant de 3000 av. J.-C.). En Chine, les archéologues ont relevé des traces de travaux réalisés par la fusion de météorites. Beaucoup d'objets de fer fondus avec des techniques de moins en moins rudimentaires sont découverts dans les bassins de civilisation situés entre la Méditerranée orientale et le Moyen-Orient : ils datent de 1200 av. J.-C., c'est-à-dire du début de l'époque du fer. Toute la Méditerranée orientale, le Moyen-Orient, l'Asie Mineure et même certaines régions de l'Europe centrale sont secoués par des mouvements très violents (politiques et militaires), avec d'importantes migrations de populations, la chute de l'empire hittite, la fin de la civilisation mycénienne et la victoire militaire de Ramsès III contre les « peuples de la mer ».

Tous ces mouvements ne sont pas encore totalement expliqués ; leurs causes sociales, climatiques et militaires représentent une vraie crise structurelle qui dure au moins quatre siècles. En revanche, on sait que le circuit de la distribution de l'étain est complètement déstabilisé, avec un impact mécanique sur la production de bronze. Certains historiens établissent une liaison entre ces moments dramatiques de l'humanité, la fin de l'époque du bronze et le début de celle du fer. Les métallurgistes cherchent des mines de fer peu profondes et du bois pour pouvoir travailler des quantités croissantes – avec un effet très négatif sur le prix du fer, qui s'effondre par rapport à celui de l'or. Mais le fer reste relativement cher, car le monde des militaires est fortement intéressé par les qualités de ce métal. La nouvelle technologie se diffuse rapidement et les États essaient d'équiper leurs troupes avec des armes en fer qui offrent un grand avantage tactique par rapport aux armes de bronze : elles sont plus résistantes (épées) et peuvent être plus longues (lances), même si elles sont plus lourdes.

Le grand expert militaire John Keagan divise l'histoire militaire en quatre périodes : la pierre, la chair (animaux inclus), le fer et le feu.

* * *

Toute l'histoire économique nous parle du menuet des prix et des relations très instables entre les prix des biens et des services. À Rome, une livre de soie coûtait une livre d'or ; le rapport entre or et argent a été longtemps compris entre 10 et 15 ; au cours de la spéculation sur les tulipes en Hollande (1636-1637), un bulbe a été acheté contre une maison !

2

Le passage violent de l'âge du bronze à l'âge du fer est causé par la chute de l'offre d'étain

Vers le XIIIe siècle av. J.-C., la région de la Méditerranée orientale et une partie du bassin moyen-oriental délimité par l'Égypte, l'Anatolie et le golfe de Bassora bénéficient d'un remarquable développement de l'économie. L'Égypte et les terres fertiles de la mer Noire produisent un surplus de céréales, l'Égypte encore fournit le coton tandis que le chanvre provient de la mer Noire, et les protéines (ovins surtout) de la Grèce et du bassin du Tigre et de l'Euphrate. La macro-région souffre toujours d'une carence de bois et doit compter sur les vallées montagneuses de l'actuel Liban et l'Anatolie du Nord. Les mines de Chypre, de Timna (Eilat), du Sinaï et des chaînes montagneuses de l'Anatolie orientale produisent du cuivre ; l'étain est extrait dans les mines de l'est de l'Anatolie, de la Sardaigne et de l'Afghanistan, d'où il arrive par la route persane. L'or provient de la Nubie et des alentours de la mer de Marmara ; l'argent, des mines des chaînes volcaniques persanes ; l'encens et la myrrhe, du sud de la péninsule de l'Arabie (*Arabia Felix*...) ; l'ambre, des plages baltiques ; le corail, des côtes italiennes.

Le commerce est florissant ; les routes maritimes et caravanières sont toujours menacées par les pirates, mais les marins et les chameliers savent se protéger. Certaines villes jouent le rôle de centre de gravité commercial, comme Troie (qui contrôle la circulation des marchandises traversant le détroit des Dardanelles), Cnossos (qui bénéficie de la position centrale de l'île de Crète), Avaris et Tanis à l'embouchure du delta du Nil, Ugarit (probablement la plus grande cité commerciale de l'époque) et Byblos sur la côte levantine, Enkomi

(Chypre) et, naturellement, les voies navigables des deux grands fleuves qui se jettent dans le golfe Persique à Bassora. Ce vaste bassin est dominé par l'empire égyptien, l'empire hittite (grande partie de l'Anatolie), le royaume de Mitanni (les vallées du Tigre), le pouvoir minoen (région et domaines crétois) et mycénien (Attique du Sud). Il s'agit de la dernière phase de l'âge du bronze, alliage composé d'environ neuf dixièmes de cuivre et un dixième d'étain, largement diffusé dans la vie quotidienne.

Les armées de l'époque peuvent compter sur une importante infanterie, ayant souvent recours à des mercenaires, et surtout sur la charrerie, car la cavalerie ne dispose pas encore des étriers et son rôle se trouve donc limité à la reconnaissance, aux communications et à l'appui à l'infanterie. Le bronze équipe les armées. Les épées de bronze durcies à l'arsenic sont essentiellement destinées aux chefs, aux princes et aux rois. Les chevaux sont surtout fournis par les marchands de la ville de Troie, qui les achètent dans la région où travaillent de grands spécialistes de l'élevage équin.

L'effondrement des civilisations du Moyen-Orient vers le XIIe siècle av. J.-C.

Pour sa dynamique et sa prospérité, ce grand bassin peut être comparé à celui du fleuve Jaune, qui au même moment est sous la domination de la dynastie des Shang. Soudainement, ce bassin subit un effondrement dramatique qui dure plus d'un demi-siècle, entre 1206 et 1150 av. J.-C., avec un pic de tensions placé par les archéologues et les historiens vers 1177. Eric Cline (Princeton) affirme qu'il s'agit d'une tragédie politique, économique et sociale bien plus importante que la chute de l'empire romain, et Fernand Braudel écrit que la région retourne au point zéro de son histoire. Tous les pays sont touchés par cette crise du système. Beaucoup d'habitations, de palais royaux et de temples sont brûlés et détruits, des villes sont mises à feu et à sang. On dispose de témoignages de massacres de populations entières, de migrations forcées, de fuites massives. Des groupes d'habitants se réfugient dans les montagnes et dans des lieux d'accès difficile pour se protéger. Les fouilles archéologiques attestent les villes rasées ; très souvent, des murs de maisons et des remparts sont criblés de flèches, confirmant la violence des combats.

Chypre, Grèce, Syrie, côte levantine, Égypte sont bouleversées ; la ville de Troie tombe

Deux vagues de destruction frappent Chypre, centre de production du cuivre de la Méditerranée orientale. Vers 1230 et 1190 av. J.-C., il y a des traces de fuite des populations, de destruction des villes ; très peu de fuyards rentrent dans l'île. En Grèce, où l'on parle ouvertement d'âge sombre, très peu de centres de la civilisation minoenne résistent ; même des murailles de défense sont abattues. De nombreuses îles de la mer Égée et des villes de l'Attique sont abandonnées. Quand ils ne sont pas tués, les habitants deviennent esclaves. La Syrie, région relativement riche qui a déjà été le lieu « idéal » du conflit entre les Égyptiens, les Hittites, les Mitanni et les Assyriens, est ravagée ; l'importante cité commerciale d'Ugarit, siège du pouvoir local, est détruite. Le roi, qui habite dans la ville, a dépêché une grande partie de son armée au secours des Hittites, et Ugarit est attaquée par des bateaux ennemis. Le roi Hammourabi rédige un message désespéré pour demander l'aide de son allié le roi de Chypre. Les archéologues ont trouvé ce message, que le roi n'a jamais pu envoyer. La ville est anéantie. Hammourabi, qui a pu se sauver, l'annonce dans une missive dramatique à ses alliés.

Ératosthène date la chute de Troie de 1184 av. J.-C. Ce n'est pas la première fois que la cité est détruite. Tous ses ennemis veulent posséder la région, car elle produit de l'or et, surtout, contrôle la circulation des marchandises entre la mer Noire et la Méditerranée. L'Égypte est aussi frappée par ce désastre et les villes du delta du Nil sont attaquées par les envahisseurs. Le pharaon Ramsès III réussit à protéger son empire, selon la stèle de Méneptah (environ 1200 av. J.-C.) qui parle d'envahisseurs arrivant de Libye. En revanche, l'empire s'effondre sous son successeur, Ramsès IV.

Comme expliquer cette catastrophe ?

Archéologues, climatologues, vulcanologues et historiens ont conjugué leurs efforts pour déterminer les causes possibles d'un pareil désastre. Des tremblements de terre frappent la région, surtout le bassin grec, vers la moitié du XIIIe siècle ; mais les dégâts sont rapidement réparés et les populations rentrent chez elles. La seule éruption connue de l'époque date de 1159 av. J.-C. Il s'agit de l'explosion du volcan Hecla, en Islande, qui a certainement endommagé l'agriculture égyptienne et déclenché de graves famines, mais bien après la catastrophe du XIIe siècle. Un changement soudain du climat n'est pas exclu. Déjà, vers 2150 av. J.-C., une modification brutale des conditions climatiques a entraîné des problèmes de survie pour l'empire égyptien, sous le pharaon Pépi II (2246-2152), et pour le royaume akkadien, sous le roi Sargon Ier. Les carottages des climatologues confirment une sécheresse (vers 1200 av. J.-C.) qui touche la Californie, l'Europe du Sud, le Moyen-Orient, l'Inde (avec la probable formation du désert de Thar, causée par l'assèchement de la rivière Ghaggar). Dans le cas de la Chine, on signale un climat difficile au début de la dynastie des Zhou (1046-256 av. J.-C.). Les historiens indiquent que l'époque est caractérisée par des famines très graves et que même le « grenier » de la région (l'Égypte) n'arrive plus à produire et à exporter une quantité suffisante de blé. Une hypothèse envisage de violentes rébellions des paysans contre les différents pouvoirs en place, incapables de garantir le bien-être collectif ; ces rébellions sont comparées par l'archéologue Sharon Zuckerman à la révolte des paysans russes de 1917.

Les peuples de la mer et la métallurgie du fer

L'hypothèse la plus intéressante évoque l'invasion des peuples de la mer, qui proviennent de la Méditerranée occidentale et de l'Europe orientale, fuyant la famine et un climat désastreux. Ces peuplades sont à la recherche de terres considérées comme riches et susceptibles d'absorber ces masses d'immigrés qui, n'ayant plus rien à perdre, ne reculent pas devant la violence pour s'approprier les lieux.

Les nouveaux équilibres du pouvoir modifient de fond en comble les réalités économiques. Les lignes de communication marchandes (navigation maritime et routes caravanières) et les commerces sont totalement désorganisés. Les flux et les volumes de biens qui arrivent dans la région se tarissent. En particulier vient à manquer l'étain, essentiel dans la production du bronze. Les métallurgistes doivent trouver un métal remplaçant cet alliage. La disponibilité du fer est bien plus importante que celle du cuivre et de l'étain, mais la difficulté consiste à produire une chaleur de 1 535 °C, contre seulement 231,93 °C pour l'étain et 1 084,62 °C pour le cuivre. Les forgerons portent alors la température à des niveaux légèrement supérieurs à 1 100 °C ; ensuite, ils traitent cette masse spongieuse (riche en carbone) avec des marteaux très lourds pour lui donner la forme souhaitée. Il s'agit d'une technique déjà utilisée, mais sur une petite échelle, et les objets ainsi produits sont considérés comme décoratifs et de grande valeur. La métallurgie du fer se diffuse et change radicalement les techniques militaires, avec une réduction du rôle de la charrerie et une montée en puissance de l'infanterie, équipée d'armes en fer d'une qualité supérieure à celles en bronze ; de plus, elles sont produites avec un métal beaucoup plus abondant, même s'il est encore relativement cher. Les flux commerciaux dans la Méditerranée et dans le Proche-Orient évoluent aussi, avec une valorisation de la Méditerranée occidentale très riche en fer (île d'Elbe, Espagne, région lyonnaise), de l'Europe germanique et de l'Anatolie (la chaîne du Taurus), avec une vaste déforestation nécessaire à la production du charbon de bois.

* * *

Les passages d'une ère technologique à une autre sont toujours violents, car l'homme est un « animal » qui cherche la stabilité. Des hommes se sont élevés contre la première révolution industrielle, des sermons enflammés ont été prononcés contre les chemins de fer, des grèves dures ont été déclenchées contre l'introduction de la robotique dans les usines… mais le rouleau compresseur du progrès ne s'arrête pas.

3

Les secrets de la soie parviennent en Occident grâce aux moines espions de l'impératrice Théodora

Selon la légende chinoise, la soie commence à être produite à partir de 2460 av. J.-C. À cette époque, la jeune impératrice (quatorze ans) Xi Ling Shi, vivant dans le palais impérial, recueille sur un mûrier un cocon qui tombe accidentellement dans une tasse de thé. La jeune fille découvre que le cocon peut se défaire et donner un fil très résistant. La soie, qui a beaucoup de propriétés, devient un textile que seule la famille impériale chinoise peut utiliser. Mais la qualité de ce textile pousse les empereurs à en promouvoir la production. Gerard Tsang, le conservateur du Hong Kong Museum of Art, soutient que la soie était déjà utilisée en 4900 av. J.-C. ; le musée provincial de Hangzhou expose des travaux textiles en soie qui pourraient dater du XVe siècle av. J.-C. En revanche, on est certain de la datation (1330 av. J.-C.) de morceaux de soie contenus dans une urne en bronze.

La soie comme monnaie et important élément du commerce extérieur

Les empereurs autorisent des exportations de soie, qui est vendue à des prix extrêmement élevés et s'échange très souvent contre de l'or, de l'ivoire, du corail et de l'ambre. Tous les empereurs veulent protéger le secret de sa fabrication et punissent par la torture et la peine de mort ceux qui essaieraient de l'exporter.

Elle revêt un poids non négligeable dans la balance commerciale chinoise. Et sa valeur dans l'imaginaire des hommes demeure longtemps très grande… Les empereurs de la dynastie Han, menacés par des invasions des nomades du Nord, décident de développer les exportations afin de financer les guerres et surtout l'achat de chevaux pour lutter contre ces envahisseurs, brillants cavaliers. Les exportations augmentent fortement et empruntent deux routes vers l'ouest : une route terrestre, qui contourne le Gobi pour se diriger vers la Méditerranée et la mer Noire ; l'autre, qui transite par l'Inde avec pour destinations le golfe Persique et la mer Rouge. Il s'agit des deux routes de la soie, ainsi baptisées par le géographe allemand Ferdinand von Richthofen. Sur la route de la soie circulent aussi beaucoup d'autres marchandises, des hommes et des femmes (marchands, militaires, diplomates, religieux, saltimbanques, esclaves, prostituées), des idées, des religions… et des maladies !

Les marchands perses sont très intéressés par la soie. Ils pratiquent le « commerce à la muette » : les vendeurs proposent la marchandise en la déposant dans un lieu précis, puis se retirent ; les acheteurs arrivent et laissent la quantité de biens et/ou de métaux précieux qu'ils veulent offrir, puis se retirent ; les vendeurs retournent sur les lieux et, s'ils estiment que le prix est correct, prennent livraison des biens offerts. Sinon, ils s'en vont en attendant une hausse de l'offre. Grâce à l'activité des marchands perses, l'empire romain devient un grand importateur. Les hommes puissants de Rome se saignent pour pouvoir offrir de la soie aux matrones et aux courtisanes de la cour impériale : une once de soie vaut une once d'or ! Sénèque lance des piques très dures contre les caprices des femmes qui veulent être habillées avec de la soie « qui laisse entrevoir la nudité de leurs corps ». Pline signale dans son *Histoire naturelle* que beaucoup de soie est importée de l'empire des « Sères » (d'où le mot « sériciculture ») et que cette substance provient de l'écorce de certaines plantes. Le géographe Pausanias (IIe siècle apr. J.-C.) corrige un peu le tir ; il critique l'hypothèse de Pline et écrit que la soie est produite par un animal, appelé *ser* par les Grecs, qui est semblable aux araignées.

La soie en Chine devient aussi un moyen de paiement et, dans certains cas, elle se substitue à la monnaie. En 48 av. J.-C., dans l'empire des Han, circulent beaucoup de fausses monnaies (dont les monnaies-couteaux en bronze) qui sont partiellement remplacées par certains matériaux : céréales, soie, vêtements en soie, chanvre et coquillages. Et, en 24 apr. J.-C., la soie, le chanvre et les céréales sont acceptés officiellement comme moyen de paiement. L'empereur demande de payer en soie les impôts des régions où elle est produite. Le vieux mot chinois *pu* veut dire « monnaie » et « vêtement »...

Espionnage industriel

Tous les pays limitrophes de la Chine veulent percer le secret de la production de la soie. À partir du IIe siècle av. J.-C., les territoires de l'actuelle Corée du Sud cultivent les mûriers pour fabriquer la soie. Xuanzang, un pèlerin chinois parti à la recherche des soutras bouddhiques en Inde, raconte que le roi du Khotan (petit royaume dans le bassin de Tarim, aux confins de l'empire indien Koushan), veut absolument posséder le secret de la production de la soie et demande en mariage une princesse chinoise. Celle-ci, prenant des risques incroyables, cache des œufs de *Bombix mori* dans la ouate de son chapeau, selon les indications des émissaires de son futur époux, et traverse la frontière sans encombre. Elle apporte une dot de mariage extraordinaire. La production est réalisée avec grand soin et l'Inde voisine en bénéficie. Les premiers œufs de bombix arrivent au Japon *via* l'Inde, vers le IIe siècle apr. J.-C.

Le sulfureux historien grec Procope de Césarée décrit avec beaucoup de détails l'espionnage organisé par l'empereur byzantin Justinien, qui en 531 essaie, sans succès, de contourner les Perses pour obtenir les œufs de bombix. Il envoie des ambassadeurs demander de l'aide auprès du roi d'Éthiopie, qui ne peut rien faire, car les marchands perses interceptent et achètent toutes les productions indiennes. Des moines proposent à l'empereur et à sa femme Théodora de leur apporter des œufs de bombix : ces moines connaissent des villes indiennes qui produisent de la soie. L'origine des œufs n'est pas claire : Chine ou Inde ? Dès leur retour, l'empire byzantin commence à roduire de la soie : Bursa, Athènes, Thèbes, Corinthe et Argos deviennent des centres importants. Ensuite, l'expansion musulmane diffuse la production dans le Levant et en Méditerranée. L'Europe, elle, reste à l'écart : il faut attendre le roi normand Roger II, qui implante la sériciculture en Sicile, et les croisades, qui répandent cette industrie en Calabre, en Toscane, surtout à Lucques, et dans le Milanais (Côme, qui demeure le principal centre textile de la soie en Europe de nos jours).

* * *

La soie a fait la fortune de la Chine et a déclenché une forte poussée d'espionnage industriel. Dans ce cas précis, les événements démentent le proverbe : « L'habit ne fait pas le moine. »

4

La terrible révolte des Zanj, les esclaves noirs, contre le califat des Abbassides

Il s'agit de la plus grande révolte d'esclaves africains ; elle dure une quinzaine d'années. En revanche, elle n'arrive pas à déstabiliser le pouvoir sassanide autant que celle de Spartacus (73-71 av. J.-C.) a mis en danger le pouvoir romain. Les Zanj sont des esclaves noirs d'Afrique orientale (bassin des Grands Lacs et sud de cette région). Ils ont été capturés, achetés (essentiellement contre du cuivre), ou bien font partie des rançons occasionnelles ou des tributs annuels payés par les États soumis au pouvoir musulman. Le mot Zanj proviendrait de Zanzibar, une région d'Afrique de l'Est en contact avec le monde musulman.

Le bassin de l'Euphrate et du Tigre demeure un centre important de productions agricoles et minières. Une partie de la région du delta est marécageuse et le calife octroie ces terres à de riches propriétaires à condition de les cultiver. Les ingrédients pour une agriculture très productive se trouvent réunis : eau, rivières avec la navigation sur l'axe Bagdad-Bassora, canaux, terres fertiles et climat chaud. Parmi les produits agricoles les plus diffusés figurent canne à sucre et riz dans le sud de la région, arbres fruitiers vers le nord du bassin (Bagdad), épices, lin, coton, froment, orge et sorgho. La Mésopotamie dispose de quelques mines de métaux de base (cuivre et étain dans les montagnes d'al-Jibal) ; en outre, elle produit un fort volume de sel (obtenu des couches superficielles de terre salée des régions du sud) ainsi que des matériaux de construction. La production métallurgique est très importante grâce à la disponibilité en eau (énergie hydraulique). Toutes ces activités nécessitent une main-d'œuvre abondante, robuste et capable de supporter un climat difficile. Les grands propriétaires latifundistes ont ainsi souvent recours à l'esclavage. Les conditions de vie des hommes (surtout) et des femmes y sont particulièrement inhumaines.

Trois révoltes d'esclaves en trois siècles

La première révolte est déclenchée sous le gouvernement de Khâlid ibn Abdallah ; de faible intensité, elle dure un peu plus d'un an (689-690). De petites bandes d'esclaves en rébellion se livrent à des pillages ; mais ils sont mal armés et les troupes régulières arrivent rapidement à les mater. Les principaux responsables sont décapités et leurs cadavres sont pendus au gibet. En 694 éclate la deuxième révolte. Dirigée par un certain Rabâh (surnommé le lion des Zanj), elle est plus importante et complexe, mais encore mal organisée. L'armée doit intervenir deux fois pour avoir le dessus. En revanche, la troisième révolte est longue (869-883), relativement bien organisée, et elle aurait fait des milliers de morts (certaines sources parlent de centaines de milliers).

Le leader se nomme Ali ibn Muhammad ; il aurait affirmé être le descendent du calife Ali ibn Abû Tâlib, fils d'Abû Tâlib, oncle du prophète de l'islam Mahomet. Surnommé le maître des Zanj, Ali ibn Muhammad est un homme intelligent, fin stratège, ayant probablement eu des contacts avec le pouvoir, et capable de donner un contenu idéologique à son action. Il parvient à mobiliser les esclaves qui travaillent au terrassement des terres destinées à la production agricole et des groupes d'habitants de la région. Ces esclaves effectuent un travail monotone, très fatigant sous le soleil, ne reçoivent pas assez de nourriture et disposent d'abris très insuffisants Le pouvoir abbasside, qui a déjà transféré la capitale de Bagdad à Samarra (la ville, à 125 kilomètres au nord de Bagdad sur la rivière Tigre, devient la capitale du califat entre 836 et 892), est en train de subir une grave crise due aux mouvements centrifuges dans les provinces à l'extérieur du califat que le pouvoir central n'arrive pas à bien contrôler.

Les deux phases de la rébellion

Entre 869 et 879, les rebelles engrangent une longue série de succès. Les esclaves réussissent à se procurer des armes, à libérer et mobiliser leurs semblables, à obtenir l'appui de paysans pauvres, de certains Bédouins, de quelques mercenaires, et l'aide financière des marchands du sud du pays, pénalisés par la hausse de la fiscalité sur les produits importés. Ils se battent ouvertement, défiant l'armée du calife qui n'arrive pas à les dénicher des lieux fortifiés et bien protégés qu'ils ont choisis. En 872, le nouveau calife, al-Mu'tamid, confie à son frère al-Muwaffaq de nouvelles troupes, qui sont rapidement défaites. L'effort militaire contre la révolte est limité, car l'armée du califat est en train de lutter contre les visées expansionnistes de la dynastie dirigeant alors l'Iran, comme l'écrit l'historien Mohamed ibn Jarir al-Tabari, qui fut un chroniqueur de la rébellion. Les rangs de l'armée des insurgés augmentent continuellement et ils parviennent à prendre le contrôle des villes de Mésopotamie inférieure (Abbâdân, Djubba, Ahwâz, pour ne citer que les principales), auxquelles il faut ajouter Bassora, située au fond du golfe Persique, dans le grand delta. Ce port est un important centre stratégique par lequel transite un gros volume de marchandises. Ces produits proviennent du bassin indien ; des bateaux halés les transportent vers Bagdad, où les mêmes bateaux sont chargés des marchandises originaires des provinces persanes, de l'Anatolie et du bassin de la mer Noire. Au cours de la révolte, une partie du trafic est détournée du golfe Persique vers la mer Rouge.

Chaque ville conquise par les Zanj doit livrer ses armes et surtout libérer tous les esclaves, qui viennent grossir l'armée des révoltés. Les autorités de Samarra n'arrivent toujours pas à mater la rébellion ; elles sont empêtrées dans les luttes intestines et la révolte des Zanj devient un problème secondaire pour le pouvoir central, même s'il freine le développement du pays et le commerce. Les rebelles créent leur propre ville dans la région des canaux (Mokhtar, la « ville élue »), à 130 kilomètres au sud de Bagdad, et cinq autres villes. Ils frappent monnaie et essaient de nouer des alliances avec des groupes s'opposant à Samarra, parmi lesquels le gouverneur d'Égypte, Ibn Touloun, qui obtient plus d'indépendance grâce aux revenus fiscaux locaux, partiellement envoyés à Samarra.

La rébellion est écrasée dans le sang

La deuxième phase de la révolte dure quatre ans et s'achève dans le sang en 883. À Samarra, les tensions politiques s'apaisent ; le « régent de l'Empire », al-Muwaffaq, et son fils, Abû al-Abbâs (le futur calife, al-Mu'tadid), se lancent dans une lutte acharnée contre les rebelles en les assiégeant. En 879, l'armée du calife déclenche une nouvelle offensive ; elle réussit à déloger les insurgés de ces villes, qui sont abandonnées après leur pillage. Le calife mobilise le maximum de troupes disponibles pour capturer les rebelles et, chaque fois qu'un chef est pris vivant par les assiégeants, il est torturé en public avant sa mise à mort. Cela a pour effet de décourager les autres et de pousser ceux qui résistent encore à se rendre. La capitale, Mukhtar, tombe en août 883. La vengeance du calife contre les rebelles est terrible : beaucoup sont tués, d'autres sont mutilés et un grand nombre de révoltés sont condamnés à rester esclaves et à travailler enchaînés dans les mines. Les propriétaires agricoles essaient désormais de recourir à beaucoup plus d'esclaves blancs originaires des régions méridionales du bassin russe.

* * *

La révolte de Spartacus dure moins de trois ans ; celle des Zanj, une quinzaine d'années. Les deux menacent directement le cœur du pouvoir, qui n'a qu'une solution : mater la rébellion à n'importe quel prix et rendre publiques les atrocités infligées aux perdants.

5

Les Song émettent du papier-monnaie : un terrible fiasco

La Chine a inventé le papier-monnaie. La difficulté de trouver du cuivre qui permet de produire des sapèques, petites monnaies chinoises rondes avec un trou carré au centre, force les familles à mettre à côté de leurs défunts des billets de banque pour le voyage de l'au-delà. Ces offrandes servent à soudoyer les démons… La première trace d'une lettre de crédit en Chine date de 806, à l'époque Tang. Cette pratique des marchands permet de transférer de l'argent sur de longues distances entre un marchand et un autre sur la base de la confiance réciproque. Le gouvernement commence à copier cette pratique, surtout en ce qui concerne les transferts d'argent entre la capitale et les districts militaires. Ces lettres de crédit s'appellent « argent volant ». Mais les difficultés progressives de la dynastie font oublier ces formules de transfert.

Le papier-monnaie des Song

C'est la dynastie des Song qui lance de véritables billets de banque. En effet, les riches marchands du Sichuan commencent à utiliser des billets émis par les banques et les marchands locaux, qui représentent un certain montant : ils sont transférables et payables à vue contre des pièces de monnaie en métal. En 1023, l'empereur décide de rendre illégale cette pratique. Seul le gouvernement est habilité à imprimer ces billets avec de l'encre noire et rouge, et il les illustre avec des images de paysages, de marchandises et d'hommes. Leur diffusion est surtout locale, et leur circulation limitée. La guerre entre les Song et les

Jurchen/Jin (Mandchourie du Nord) pousse l'empereur en 1135 à recourir massivement à l'émission de ces monnaies en papier pour financer la guerre. La paix de 1141 avec les Jurchen stabilise rapidement la situation fiscale de l'empire. Mais une nouvelle guerre contre les Jin, qui ont occupé le nord de la Chine après avoir défait les Song du Nord, force l'empereur à user largement de la planche à billets. Ce sont les Song du Sud qui possèdent les principales mines de cuivre de tout le pays, surtout celles du Yunnan et du Sichuan.

Ces billets en papier sont appelés *huizi* et circulent seulement dans certaines régions de l'empire. En revanche, ils obtiennent la confiance de la population et sont échangés à une valeur proche du nominal jusqu'au début des années 1190. À partir de cette date, trois phénomènes transforment le panorama : la terrible guerre civile entre la cour des Song et les gouverneurs rebelles de la province du Sichuan, qui est considérée comme la « terre de l'abondance » ; la nouvelle guerre contre les Jin, et l'invasion mongole de certaines régions contrôlées par les Jin. Ils contraignent l'empereur à émettre des volumes importants de billets. En 1206-1208, le montant de *huizi* en circulation est de 139 millions de guan (unité de mesure indiquant 1 000 monnaies de bronze) et, en 1233, le montant passe à 329 millions. La valeur de cette monnaie se dégrade fortement et, au cours des années 1230, elle ne vaut plus que la moitié du nominal. La situation est encore plus difficile dans les territoires dominés par les Jin. Cette dynastie, après avoir occupé Kaifeng, la capitale des Song du Nord, peut disposer de l'énorme trésor. Grâce au traité de paix de Shaoxing avec les Song du Sud de 1141, ces derniers sont obligés de verser annuellement 250 000 taels (un tael vaut 37 grammes environ) d'argent et 250 000 ballots de soie. Les Jin ont alors beaucoup de ressources. Mais la guerre contre leurs ennemis du sud et le rouleau compresseur des Mongols qui attaquent par l'ouest forcent la dynastie à consentir de gros efforts militaires, largement financés par les émissions de papier-monnaie. Les dynasties des Song et des Jin se saignent à blanc dans les guerres et leurs monnaies en papier se dévaluent rapidement ; l'argent métal, le bronze et même la soie retrouvent leur rôle initial de vraies « monnaies », très recherchées par tout le monde.

L'arrivée des Mongols et le système bancaire des Ortakhs

Après la chute des Jin, les Mongols promeuvent l'argent comme unité de base de leur système monétaire pour toute la Chine qui est sous leur contrôle. La fiscalité appliquée aux habitants du nord de la Chine est encaissée en argent métal et les Mongols forcent leurs sujets à emprunter le métal chez les Ortakhs, une guilde d'Ouigours (Mongols des montagnes de l'Altaï), et des marchands musulmans qui opèrent comme des agents commerciaux personnels de la noblesse mongole ; ils exercent le métier de banquier-cambiste et pratiquent des taux d'usurier. Avec la réforme de Kubilaï de 1260, une partie des impôts peut être payée avec du papier-monnaie, mais le ministre des Finances Ahmad Fanakati – l'inflexible haut fonctionnaire musulman qui fait régner la terreur financière pendant vingt ans, jusqu'à son assassinat – crée de nouvelles taxes payables seulement en argent métal. Le papier-monnaie s'appelle *zhongtong chao* et il est totalement convertible en argent auprès de bureaux de change du gouvernement. Ce moyen de paiement devient une vraie monnaie avec un rôle international en Asie, car elle est même acceptée à l'extérieur des frontières chinoises.

Émerveillé, Marco Polo en fait une description pleine d'enthousiasme : « C'est dans la ville de Khanbalik que le Grand Khan possède sa monnaie... En effet, on y fabrique du papier-monnaie à partir de l'aubier du mûrier, l'arbre dont les feuilles nourrissent le ver à soie. L'aubier, entre l'écorce et le cœur, est extrait, broyé, puis mélangé à de la colle et comprimé en feuilles semblables à des feuilles de papier coton, mais complètement noires... Le haut fonctionnaire marque de son sceau rouge les papiers qui acquièrent une valeur légale et les faussaires sont punis de la peine capitale. Le Han peut ainsi imprimer, avec un coût marginal, des billets qui représentent le plus grand trésor du monde. »

Une dévaluation de 80 % !

Les dépenses militaires de la dynastie Yuan (Mongols) dans la guerre contre les Song du Sud et la création d'une flotte mongole de plus de 100000 hommes pour écraser la résistance des Song qui disposent de l'or du Yunnan entraînent une inflation terrible dans le système économique. En 1287, le *zhongtong* est dévalué de 80 % !

L'économie utilise largement le troc, car la monnaie n'a plus de valeur. La population commence à user de monnaies alternatives : des paquets de sel et des bons qui localement représentent des produits alimentaires. L'État mongol continue à émettre du papier-monnaie, qui n'est plus accepté par la population. L'économie se dégrade de plus en plus et les métaux précieux deviennent à nouveau la référence, en attendant la révolte des Turbans rouges qui met sur le trône la dynastie des Ming. Celle-ci, à son tour, n'arrive pas à stopper l'inflation, surtout avec des déficits du budget sur lesquels pèsent les grandes expéditions maritimes dans le bassin indien, dirigées par l'amiral eunuque musulman Zhen He, et le transfert de la capitale de Nankin à Beijing en 1420. À la mort du grand empereur Yongle (1425), la valeur du papier-monnaie émis par le gouvernement (le *baochao*) est tombée à 2 % de la valeur nominale. Le papier-monnaie est abandonné par le successeur Xuande en 1433 et l'argent devient la base du système monétaire des Ming.

* * *

L'idée du papier-monnaie est brillante, mais il ne faut pas abuser des émissions indiscriminées pour financer les guerres, même défensives. Et, encore une fois, on mesure le pouvoir sémantique de la monnaie papier, un symbole qui ne repose que sur la confiance…

6

L'argent du pape favorise le développement des Lombards et de la finance toscane

La papauté reçoit d'importantes sommes d'argent de la part de l'Église anglicane, qui paie le tribut à Rome (*Peter's pence*, l'équivalent du denier de Saint-Pierre). Au début, le transfert de ces sommes se fait par l'intermédiaire des ordres des Templiers et des Hospitaliers. Mais très vite cette opération – assez complexe, car les transferts s'effectuent physiquement – passe sous le contrôle des Lombards, des banquiers situés surtout en Toscane et dans le nord-ouest de l'Italie, qui disposent de techniques bien plus sophistiquées que celles des ordres religieux. L'idée des Lombards est d'utiliser les liquidités directement sur les marchés anglais, pour acheter des produits locaux qui seront vendus afin d'obtenir en Italie des liquidités qui, à leur tour, seront versées à la *Camera*, le trésor du pape.

La laine anglaise, la meilleure de toute l'Europe

Les couvents anglais sont de très grands producteurs de laine, et cette production s'étend jusqu'en Écosse. L'élevage ovin a probablement été introduit dans l'île par les Romains ; dix ans après leur invasion des régions du sud se développe à Winchester une grosse industrie de transformation de la laine, favorisée par les conditions climatiques locales. Les Romains enseignent aussi aux éleveurs la technique consistant à « habiller » les moutons d'une espèce de manteau qui protège la laine des saletés et en garantit la douceur. La décadence de l'île après l'époque romaine et les invasions des Vikings réduisent drastiquement la production de laine, qui repart toutefois au début du IIe millénaire avec le réchauffement climatique. La laine anglaise se trouve en forte concurrence avec celle produite dans les sierras espagnoles par les moutons mérinos et celle des moutons élevés en Bourgogne. En revanche, la laine anglaise est de meilleure qualité. Elle devient une des plus importantes industries de l'île, et le président de la Chambre des lords a le privilège de s'asseoir sur un coussin spécial : le *woolsack*, le sac de laine. Beaucoup d'abbayes, surtout cisterciennes, disposent d'un grand nombre de moutons, de droits d'exportation octroyés par le roi et de magasins de vente dans les villes situées sur des rivières pour le transport. À Londres, dix-sept monastères bâtissent leurs entrepôts et certains organisent même le transport par bateau de leur laine sur le continent. L'unité de négociation est le sac : la quantité de laine qu'un cheval peut transporter (363 livres), qui équivaut aussi au volume de laine produit par 200 moutons. Par exemple, la rançon payée pour libérer Richard Cœur de Lion est de 50000 sacs de laine !

Des contrats à long terme sur la laine et le commerce de l'alun

Parmi les acheteurs de cette laine figurent les marchands des Flandres, qui fournissent l'industrie lainière du nord de l'Europe (Bruges, Gand et Ypres), et les Cadurciens, qui arrivent à livrer aux couvents des moutons de leur région, car ils demandent une laine d'une qualité très précise. La présence des marchands de Cahors en Angleterre se développe surtout après le mariage d'Henri II et d'Aliénor d'Aquitaine. Mais l'activité se concentre progressivement dans les mains des Lombards, qui disposent d'un quasi-monopole, largement favorisé par la disponibilité des liquidités destinées à la papauté. Par exemple, les Ricciardi de Lucques et les Frescobaldi de Florence achètent 50 % de la production des cisterciens pour 20000 livres et, en 1294, les marchands italiens accaparent la production de 49 abbayes sur 74. Toute cette laine est expédiée par bateau vers Gênes, d'où elle est distribuée dans les villes toscanes, en particulier, où se développe une industrie textile de premier ordre. La production est vendue en Italie, dans toutes les régions au nord des Alpes et, surtout, dans tous les ports de la Méditerranée. Et il ne faut pas oublier le commerce de l'alun, le mordant essentiel dans toute production textile. Il est extrait dans les mines d'Asie Mineure (Turquie, Phocéa) et le commerce passe rapidement dans les mains des marchands-banquiers génois, qui distribuent ce produit précieux dans toute l'Europe, depuis les Flandres jusqu'à Trébizonde. Les Lombards proposent aux couvents des contrats d'achat sur de longues périodes (jusqu'à vingt ans). Les couvents reçoivent tout de suite une grande partie de la contre-valeur de leurs ventes de l'année ; le solde est payé à la livraison avec les arrhes pour la livraison de l'année suivante. En pratique, les couvents obtiennent des financements, car les prix négociés sont bien inférieurs aux prix pour livraison dans le temps ; mais ils peuvent fixer les prix et éviter les fluctuations des prix sur les marchés. Des pénalités sont prévues si une partie de la livraison n'est pas effectuée.

Le triangle : rois anglais, Camera et Lombards

Parmi les banquiers du pape, dont les finances sont gérées par la Chambre apostolique, figurent les Ugolini, les Galleani, les Buonsignori, les Ricciardi, les Frescobaldi, les Scali, les Benincasa, les Perini, les Almani, les Scotti, les Chiarenti, puis les grands banquiers florentins Bardi, Peruzzi et Acciaiuoli. Tous ces banquiers peuvent compter sur un flux constant d'argent, source permanente d'approvisionnement en liquidités. De plus, très souvent, ils prêtent de l'argent à la Chambre pour des besoins temporaires dans les caisses et pour des dépenses extraordinaires ; il s'agit de virements en faveur des rois et princes protégeant l'Église et luttant contre ses ennemis. Ces banquiers doivent aussi prêter de l'argent à la couronne anglaise en échange de privilèges obtenus dans le commerce et dans les exportations de laine. Toutes ces entreprises bancaires enregistrent beaucoup de profits, mais accumulent aussi une dangereuse exposition face à la couronne anglaise. Les rois d'Angleterre, saignés à blanc par la terrible et coûteuse guerre de Cent Ans, décident de ne pas respecter leurs engagements – et toutes ces banques tombent les unes après les autres en moins d'un demi-siècle. Il faut aussi ajouter la décision de Clément V (pape français préparant le transfert du siège de Rome à Avignon) qui, le 1er septembre 1306, fait clôturer les comptes auprès de trois banques florentines : Cerchi, Spani et Bardi. Les faillites deviennent un vrai chemin de croix pour les banques italiennes :

les Ricciardi tombent en 1294, les Buonsignori en 1298, les Mozzi en 1301, les Franzesi en 1307, les Frescobaldi en 1312, les Scala en 1326, les Bardi et Acciaiuoli en 1343, les Peruzzi en 1346. Les dernières faillites se déroulent avec grand fracas et font trembler toute la finance européenne de l'époque… Mais le monde bancaire se renouvelle sans cesse : après ces faillites éclatantes, d'autres banques montent sur la scène : Francesco Datini de Prato, Corner et Soranzo de Venise, Borromeo de Milan, les Medici de Florence, les Lomellini, Centurione et Cavallo de Gênes.

* * *

La papauté était le grand centre de liquidités financières du Moyen Âge et de la Renaissance, comme le sont actuellement les banques centrales. Rappelons que la filiale de Rome de la banque des Médicis était la plus profitable du groupe.

7

La nouvelle de la découverte de Christophe Colomb se diffuse en Europe comme une traînée de poudre

« *Buscar el levante por el poniente* » (chercher l'est par l'ouest) : voilà le mot d'ordre qui préside à toute l'action du Génois. Têtu, il s'y tient : il gagne son pari, après mille péripéties et retards (son idée date de 1481 !). Mais, jusqu'à sa mort, il ne change pas d'avis sur sa découverte : il est convaincu qu'il a abordé des îles proches de Cipangu, ce pays fabuleux qu'aucun chrétien n'a encore vu, même si Marco Polo en a longuement parlé. Au cours du retour de son premier voyage, le 14 février 1493, le grand navigateur est surpris par une violente tempête qui met en danger la vie de tout l'équipage. Colomb écrit alors une lettre destinée aux rois d'Espagne, Isabelle et Ferdinand, pour les informer de sa grande découverte : « Je roulai la lettre dans une toile cirée que je mis dans un pain de cire et plaçai le tout dans le tonneau soigneusement cerclé que je jetai à la mer. » Il veut à tout prix que la nouvelle soit apportée à la cour d'Espagne et annoncée au monde. Dans la lettre, il promet 10 000 ducats à qui la trouvera et la portera à la cour. Dès qu'il arrive sur la terre ferme avec la *Pinta* et entre dans le port de Palos, le 4 mars, il organise une opération de propagande et de marketing hors du commun. Il envoie de Palos la deuxième lettre par courrier de terre, copie de la première lettre. Elle est adressée à Luis de Santangel, l'homme qui a réuni l'argent pour l'expédition.

La nouvelle de la découverte diffusée comme une traînée de poudre

Après sa lettre aux rois d'Espagne, Colomb écrit aux grands de la cour, qui se trouve alors à Barcelone, et à Gabriel Sanchez, le trésorier général du royaume d'Aragon. Le duc de Medina Celi, comte de Niebla et marquis de Gibraltar, homme très attentif à tout ce qui se passe à l'ouest des colonnes d'Hercule, et qui réside dans son château de Soria, en Vieille-Castille, envoie le 19 mars à ses amis la nouvelle de l'arrivée à Palos. Les cours sont informées par les diplomates, qui doivent saisir l'importance de l'événement et en évaluer les conséquences. Des dépêches sont expédiées à grande vitesse et avec des frais très élevés, car elles sont transportées par des coursiers spéciaux qui se relaient et voyagent jour et nuit pour gagner du temps. Et, le 1er avril, la lettre de Colomb est publiée à Barcelone ; le texte imprimé n'est pas très soigné, mais la nouvelle bombe peut intéresser beaucoup de monde et l'édition se vend comme des petits pains – probablement avec l'accord de la cour royale, qui utilise ce document comme un instrument de propagande pour son image. Les marchands aussi sont les premiers à bouger : les équilibres économiques peuvent changer, mais on ne connaît pas encore l'importance de la découverte. Personne ne pense que l'on a découvert un autre continent, mais « seulement » que l'on a trouvé une route rapide pour aller en Asie par l'océan. Le marchand italien Annibale Zennaro, opérant à Barcelone, envoie le 9 avril – avant que Colomb n'arrive dans la ville – une lettre à son frère, installé à Milan, dans laquelle il décrit avec beaucoup d'enthousiasme et d'emphase l'expérience de l'amiral.

Venise apprend rapidement la nouvelle, mais ne saisit pas l'importance de l'événement

Venise est très bien renseignée par son puissant réseau d'ambassadeurs qui, souvent, travaillent comme des attachés commerciaux, et par un système de correspondants, d'espions et d'informateurs disséminés dans toute l'Europe. Étrangement, deux observateurs vénitiens prêtent peu d'attention dans leurs journaux à la nouvelle de Colomb. Girolamo Priuli ne signale rien dans ses *Diarii* ; en revanche, six ans plus tard, l'attentif marchand-chroniqueur enregistre un bruit en provenance des marchés d'Alexandrie selon lequel trois caravelles, probablement commandées par Colomb, sont arrivées à Calicut, en Inde. Le commentaire à chaud sur ce bruit est d'une rationalité pointue : Priuli écrit que, si la rumeur est vraie, cela représente pour Venise l'équivalent pour un nourrisson de la perte du sein de sa mère. L'autre chroniqueur vénitien, Marino Sanuto, lui aussi très attentif, remarque la nouvelle, mais ne lui accorde pas beaucoup d'intérêt. Paradoxalement, les responsables politiques de la Sérénissime ne comprennent pas – pendant longtemps – l'importance de la découverte. Cinq années après le débarquement de Cortés au Mexique et sa conquête de l'empire des Aztèques, l'ambassadeur à la cour d'Espagne, Gasparo Contarini, signale encore une fois au gouvernement de la République les grandes découvertes, même si Venise est la ville qui publie le plus de livres décrivant ces voyages vers les Amériques. L'information arrivée en Italie circule très rapidement, toujours par courrier spécial, entre les nombreuses cours et les marchands, qui s'interrogent sur la nature de la découverte et ses conséquences. Un peigneur de tissus de soie de Florence mentionne que la nouvelle est parvenue dans sa ville. La cour des Médicis est informée entre le 25 et le 31 mars que « certains jeunes hommes partis avec des caravelles chercher des pays nouveaux ont trouvé des îles inconnues ». Dans son commentaire, le peigneur de soie souligne que l'Espagne veut explorer des terres où le roi de Portugal n'est jamais allé, et que les terres découvertes sont très riches en or… Le roi d'Espagne ordonne d'organiser de grandes fêtes, comme il l'avait fait (un an auparavant) pour la Reconquista de Grenade. La cour de Florence et certains marchands de la ville sont certainement très informés, car ces derniers ont participé au financement de l'expédition de Colomb. En effet, le marchand Giannetto Berardi, agent de Pierfrancesco de Medici (cousin de Laurent le Magnifique), a contribué au financement et Amerigo Vespucci, qui travaille à Séville avec ce marchand, a probablement informé très rapidement les Medici. Vespucci, le futur *Piloto Mayor* de l'empire espagnol, est un agent de la banque.

Le pape obtient l'information avec un mois de retard

Le pape reçoit à Rome l'information de la découverte le 18 avril ; il s'agit d'une copie de la lettre de Colomb. Le 27 avril, Ludovic le More est informé par son correspondant à Venise ; paradoxalement, ce n'est pas le frère de Zennaro qui lui la communique. La nouvelle arrive à Constantinople par l'ambassadeur ottoman à Venise, et aussi par les espions qui travaillent auprès du *Bailo* (l'ambassadeur vénitien qui habite dans la « Vigne di Pera ») à Istanbul.

Mais l'imaginaire contenu dans la nouvelle est totalement différent de ce que l'on peut penser maintenant. En effet, les terres découvertes par Colomb sont « certainement » des terres situées en Extrême-Orient ; personne ne formule encore l'hypothèse qu'un continent s'interpose entre l'Europe et la Chine, et surtout qu'il y a un océan Pacifique extrêmement vaste. Et le menu peuple apprend la nouvelle du changement du panorama du monde entre un et deux ans après l'arrivée de Colomb. Mais il doit attendre beaucoup plus longtemps pour pouvoir toucher physiquement les produits provenant de l'Amérique… Le maïs est introduit en Europe en 1525, la dinde en 1534, la pomme de terre en 1537, la tomate en 1540, le bois de gaïac contre la syphilis en 1540, la quinine en 1631… Sans compter les maladies issues du continent américain !

* * *

Tout le monde, des rois aux simples paysans, a dû rester bouche bée devant la grande nouvelle, les premiers l'ayant naturellement apprise bien avant les derniers. Les uns essayant d'en saisir les implications politiques, les autres observant l'arrivée de produits jamais vus. Mais le choc le plus important a certainement été la prise de conscience de la découverte d'un nouveau continent.

8

Chine et Inde : les deux plus grandes puissances mondiales au XVIe siècle

Pendant plus de mille ans, entre la dynastie des Tang et celle des Ming, la Chine a été certainement la plus grande puissance mondiale sur le plan économique, militaire et probablement culturel, avec une population estimée à plus de 100 millions d'habitants. Entre la bataille de Talas en 751, au cours de laquelle les troupes des Tang se font mettre en pièces par une armée du califat abbasside sur la frontière de l'actuel Kazakhstan, et la chute de Bagdad, le monde arabo-musulman est entré dans la compétition, au moins sur le plan culturel. Venise, les autres cités maritimes italiennes, Florence, Augsbourg, Anvers et quelques autres villes comptoirs ont sûrement été des phares européens et ont participé à la compétition. Mais elles n'ont été que d'heureux petits points géographiques – quoique exceptionnels ! – sur la grande carte mondiale des trois continents connus. Tout bascule entre 1492 et 1498, avec l'ouverture des routes maritimes vers l'ouest et l'est. C'est l'époque des découvertes européennes. Des idées tourbillonnent dans les têtes de quelques rois et de certains marchands qui lancent les marins à la conquête de terres nouvelles. Mais ce sont surtout le courage et l'abnégation de ces marins qui ont osé franchir les colonnes d'Hercule ou transiter par le cap de Bonne-Espérance et naviguer dans l'océan Indien en défiant les moussons. « *Buscar el levante por el poniente* » (chercher l'est par l'ouest) est le rêve têtu de Colomb, appuyé par son ami le cartographe florentin Paolo Toscanelli, qui meurt dix ans avant le voyage ; mais il rédige en 1468 une carte indiquant des îles dans la région où se situe actuellement l'Amérique. Le Génois se lance dans l'aventure, dont un certain nombre d'hommes ne sont jamais revenus. Vasco de Gama aussi décide de traverser les eaux périlleuses au sud du Cap, et il est juste à la moitié du voyage pour arriver à Calicut. Magellan trouve le passage entre l'Atlantique et le Pacifique en envoyant un ou deux de ses bateaux explorer un fjord après l'autre. Plusieurs tentatives infructueuses se suivent et, finalement, il peut admirer l'immensité du Pacifique ; mais il ne sait toujours pas à quelle distance apparaîtra la première terre… cent dix jours après avoir quitté le détroit qui porte son nom !

Supériorité chinoise

L'immensité du pays et de sa population offre un énorme avantage à l'empire du Milieu. On a trouvé des socs de charrue dans la Chine du Ve millénaire, des socs en bronze du XVe siècle av. J.-C. et des socs en fer contemporains de la splendeur d'Athènes. La brouette et la ceinture de transmission utilisée dans la production de la soie existent à l'époque des Han, ainsi que les ponts suspendus pour traverser fleuves et ravins. Sous les Han, on connaît la sidérurgie de la fonte et de l'acier primitif, la boussole et l'emploi du moulinet pour la pêche. Probablement, le calcul décimal avec les nombres que nous connaissons (*via* l'Inde et le monde arabe) était utilisé en Chine avant notre ère et la pyrotechnie arrive encore de la Chine. Les conquêtes rapides des Mongols se fondent sur la grande mobilité de la cavalerie légère archère, l'efficacité du renseignement avant les batailles, mais aussi sur l'emploi des premières bouches à feu. Les premières horloges mécaniques sont chinoises : il s'agit de la machine cosmique de Su Song, construite en 1092. Sans oublier la production de la soie, qui excite les fantaisies et les envies des matrones et saigne l'économie impériale romaine, ni les porcelaines, surtout celles fabriquées avec le bleu de cobalt (importé) et le rose, qui figurent sur les tables des grands princes de la Renaissance européenne et des sultans, pachas, grands vizirs et kapoudans vivant derrière la Sublime Porte de Topkapi (voir la précieuse collection de porcelaines, surtout de la famille rose…). Le Grand Canal permet le voyage entre Pékin et la région du fleuve Jaune, le transport de denrées, de céréales, et surtout un transfert rapide des troupes. Au début de la dynastie des Ming, les bateaux qui ont été utilisés par l'amiral eunuque musulman Zheng He ont jusqu'à cinq ponts et sont énormes par rapport aux caravelles européennes, comme l'écrit Ibn Battuta qui les a vus à Calicut et parle d'un millier de personnes à bord. L'intégration de l'espace économique chinois est une grande réussite et crée des modes de vie, au moins pour la classe dirigeante et les commerçants, qui rappellent le raffinement connu à Rome à l'époque de la splendeur impériale.

Mais, alors, pourquoi la Chine abandonne-t-elle sa place ?

À partir du XVIe siècle, le pays est frappé par un changement climatique (petite glaciation), par des inondations très graves et par des épidémies qui ravagent des provinces entières. Mais il existe aussi d'autres raisons, parmi lesquelles figure une modification des équilibres dans la gestion politique de l'empire du fait d'un rôle croissant des eunuques, en lutte permanente – entre eux et contre (ou avec) les femmes officielles et les concubines – pour le contrôle du vrai pouvoir gris de la Cité interdite et la gestion de certains secteurs très lucratifs du commerce. La mainmise des eunuques sur l'administration gérée par les « lettrés » transforme les règles de gestion et ralentit les prises de décision. Les méthodes pour préparer les hauts fonctionnaires et les préfets et l'académie Donglin ne sont plus adaptées dans un monde qui change rapidement, étant donné la présence des Européens dans les eaux de la mer de Chine. Beaucoup d'inventions technologiques et leur possible emploi restent lettre morte, car très souvent l'empereur considère la nouveauté plutôt comme « un jouet et un amusement » que comme un réel progrès technique à valoriser. De plus, dans sa gestion des relations diplomatiques et commerciales avec les tribus mongoles au nord et à l'ouest, l'empire sous-estime la puissance de ces peuplades. En 1619, Nurhaci, le brillant stratège d'une tribu Jurchen, défie l'armée Ming (plus de 100 000 soldats) ; après sa victoire, il occupe plusieurs villes frontalières. La énième vague de sécheresse, suivie par la famine, fait basculer la dynastie des Ming, rongée par une inflation galopante, surtout entre 1620 et 1645. En 1644, après la chute de Beijing, l'empereur sort de la Cité interdite et se pend à un arbre ; le pouvoir passe dans les mains de la dynastie des Qing pour deux cent soixante-sept ans. Après deux siècles de décadence dorée, mais progressive, la dynastie subit l'humiliation des deux guerres de l'opium et le sac du Palais d'Été de Beijing…

Essor et décadence de l'empire moghol

À son apogée, l'empire moghol représente un quart de la population mondiale, avec environ 165 millions de sujets, à l'époque d'Aurangzeb. Cotonnades (les calicots, embarqués sur les bateaux à Calicut), indigo, épices, riz, sucre, thé, salpêtre, pierres précieuses et ivoire sont les principales exportations de l'empire, qui dispose de beaucoup de ports devenus les tremplins d'un commerce de transit. Mais le contrôle de l'économie est marginalement dans les mains des Indiens (marchands gujarati et sahu, en particulier). Beaucoup d'entrepreneurs et surtout de commerçants sont étrangers et la présence des différentes Compagnies des Indes, même si elles sont en furieuse compétition entre elles, empêche les profits de rester dans le pays. Le zénith de l'empire coïncide avec le long règne d'Aurangzeb. Mais la crise latente éclate avec la défaite de ses successeurs au cours des batailles de Bhopal (1737) et de Karnal (1739) contre Nader Shah, et l'empire périclite rapidement, même si son existence formelle continue un siècle encore – mais sous la vigilance de l'Angleterre et, dans la région de Coromandel, de la France. Les causes de la crise sont multiples. Avant tout, les problèmes créés par les distances et les dimensions de l'empire n'ont pas été gérés avec une structure efficace des communications. La haute administration a toujours été aux mains des Hindous et l'empereur Aurangzeb a bouleversé ce système, avec des dégâts énormes et des lourdeurs dans la gestion de l'empire, tourmenté par des guerres fratricides de succession. La noblesse, autrefois le vrai nerf militaire et économique de l'empire, a fait preuve d'un égoïsme et d'une myopie qui ont saboté le système. La puissante armée du conquérant et fondateur Babur, au début de l'empire, s'est progressivement affaiblie du fait de commandants incapables et d'une préparation militaire totalement insuffisante pour mener des guerres sur un terrain particulièrement difficile et aux climats très différents. Enfin, trop souvent, les provinces et les régions frontalières ont été gérées par des administrateurs complètement indépendants ; ils n'ont jamais garanti l'unité de l'empire, qui est tombé comme un fruit mûr de sapotille dans les mains des Britanniques...

* * *

On a forgé le mot *Cindia* pour désigner les deux pays qui sont en train de gagner des places dans le classement des grandes puissances. Mais ces deux pays ne font que reprendre leur place d'il y a cinq siècles, avec leurs populations de dimensions planétaires.

9

Henri VIII pille les églises et les couvents pour financer la marine anglaise

Henri VIII est resté dans l'histoire grâce à ses femmes qui perdaient la tête pour lui, au sens propre ! Mais il a aussi été un souverain qui a osé rompre avec l'Église de Rome et a créé la puissance militaire maritime de l'Angleterre. En outre, il a renforcé le système défensif des fortifications maritimes et a bâti plus de trente forteresses côtières. Celles-ci doivent protéger son royaume contre les invasions des grandes puissances de l'époque : la France et l'Espagne, mais aussi, paradoxalement, l'Écosse de Jacques IV qui, depuis 1509, a doté le pays d'une marine de guerre et d'une structure de fortifications maritimes imposantes.

Henri VIII hérite de son père cinq bateaux de guerre, dont deux caraques modernes à quatre mâts. Et, à la fin de son règne, il dispose d'une marine de guerre composée de 47 bateaux. Le roi comprend rapidement que son pays – une île – doit avoir une marine de guerre : elle est l'équivalent des châteaux des pays avec lesquels son royaume doit se confronter. En 1515, il lance la construction du *Henri Grace*, bateau qui possède une bonne artillerie et peut renoncer aux archers. Il s'agit d'un caprice, mais aussi d'une importante innovation militaire, car il introduit le principe du combat à distance et l'abandon du combat fondé sur le corps à corps. Au même moment, Henri crée Trinity House, spécialisée dans la communication maritime, avec un réseau de phares côtiers destinés à diriger les marins, à leur indiquer les dangers la nuit et à signaler l'arrivée des ennemis. Le roi passe à l'histoire comme le « père de la flotte anglaise », noyau dur de la future flotte d'Élisabeth Ire et de la marine de guerre britannique qui dominera les mers et les océans après les guerres napoléoniennes.

Henri se rend compte que ses armées de terre et de mer ont très peu d'artillerie. Il importe des canons de bronze (produits à Venise, à Brescia, à Amsterdam et en Allemagne du Sud) et pousse la production de canons de fer. En effet, son pays dispose de gisements de ce métal à l'est de Londres et de forêts importantes pour faire du charbon de bois (indispensable pour les fonderies), en particulier la forêt de Weald (« forêt », en vieil anglais). De plus, il demande à la famille Hans Poppenruyter, les fameux fondeurs de canons implantés à Malines, de produire des canons en bronze : les forges fabriquent 140 unités en vingt ans de travail acharné.

Rupture avec Rome et « dissolution » des monastères

Henri VIII est un fervent défenseur de la foi catholique et rédige même un document, *La Défense des sept sacrements*, contre les idées de Luther ; le pape Léon X lui accorde le titre de *defensor fidei* (défenseur de la foi, titre qui paraît toujours sur les monnaies anglaises sous l'abréviation : DEF. FID.). Après ses sulfureuses aventures matrimoniales, le roi coupe tous les ponts avec Rome, qui refuse de lui accorder le divorce. Le parlement anglais accepte la rupture avec la papauté au printemps 1534, approuve l'*Act of Supremacy* (le roi est le chef unique et suprême de l'Église anglaise) et le *Treason Act* (quiconque ne reconnaît pas le roi comme chef de l'Église est puni de mort). Les populations expriment leur mécontentement par les révoltes de 1536-1537 dans le nord de l'Angleterre ; ce mouvement, connu sous l'appellation de *Pèlerinage de Grâce*, est dirigé par Robert Aske, avocat charismatique, appuyé par la noblesse du Nord. Il s'agit de la première grave crise des Tudors. Aske se rend à Londres avec 200 partisans pour négocier ; il est arrêté, puis pendu ; la révolte s'estompe.

Entre 1537 et 1541, à l'aide de deux *Suppression Acts* (1536 et 1539), Henri lance une importante opération de confiscation des biens de l'Église catholique et prend le contrôle de plus de 800 couvents ainsi que de leurs propriétés agricoles. L'Église possède plus d'un cinquième des propriétés foncières en Angleterre, dans le pays de Galles et en Irlande. Le ministre Thomas Cromwell (à ne pas confondre avec l'énigmatique Oliver Cromwell) est un fervent exécutant de cette opération. Il décide de payer une pension aux 10000 moines et nonnes habitant dans ces centres religieux. Mais il crée un terrible mécontentement chez les laïcs qui travaillent pour les couvents, car ils se retrouvent au chômage et ne reçoivent aucune indemnité. Les couvents, leurs terres et leur cheptel (en particulier les moutons qui produisent la laine anglaise) sont vendus ou octroyés à de riches propriétaires terriens. Certains couvents sont détruits pour disposer de leurs pierres. Les cloches sont très souvent envoyées dans des fonderies pour produire des canons en bronze. Les gouttières en plomb sont fondues pour fabriquer des boulets de canon et des balles de mousquet. Certains bâtiments des couvents sont brûlés pour récupérer plus rapidement le plomb des tuyauteries. L'or et l'argent des églises sont fondus. Le trésor remplit ses caisses de liquidités avec des rentes garanties pour l'avenir. Les entrées supplémentaires sont évaluées à 90000-150000 livres par an, en fonction du rythme des ventes. Elles sont destinées à payer une partie de la dette et, surtout, à financer la construction d'un vrai système de défense pour l'Angleterre : flotte, forts côtiers, phares.

Construction de bateaux de guerre et d'une puissante ceinture de forteresses

Henri craint les attaques de la France et de l'Écosse de Jacques IV. Après une première phase au cours de laquelle il commence à bâtir la flotte en construisant de nouveaux bateaux, le roi – qui dispose de beaucoup d'argent provenant des ventes et des rentes des couvents – entame une phase frénétique de construction, de restructuration de vieux bateaux de guerre (galéasses transformées en galions) et d'achat de navires à Gênes, à Lubeck et en Hollande. Entre 1535 et 1546, le nombre de bateaux lancés est impressionnant, avec une accélération au cours des années 1542-1546. En moins de dix ans, la flotte compte 40 nouveaux bateaux, 13 péniches à rames et une quinzaine de bateaux capturés pendant les batailles navales, surtout contre les Français en 1545. Henri édifie en 1540 le premier chantier militaire du pays à Portsmouth et, en 1546, crée le Navy Board, qui ne changera pas de structure pendant trois siècles. L'important Office of Admiralty, la puissante machine de guerre, règle, organise et administre la flotte.

Henri concentre aussi ses efforts militaires dans l'édification d'un vaste système de défense côtière. Le premier programme est lancé en 1539 et s'articule sur la construction de trente forts dans le Kent, la Cornouailles, le Sussex, le Hampshire, l'île de Wight, le Dorset et le Devon. Il s'agit de structures avec des murs ronds. En 1544, une deuxième phase est déclenchée pour renforcer les défenses dans la région de Solent, Southampton et Portsmouth : l'architecture militaire change et l'on utilise surtout des structures carrées. La flotte a besoin de phares et tous les points présentant des risques pour la navigation sont dotés de ces phares, qui jouent aussi un rôle de vigilance et de chaîne d'alerte dans le cas d'une attaque inopinée.

* * *

L'English Navy, puis la British Navy, est la « fille naturelle » de Henri VIII qui, comme Akhenaton et Constantin, change de religion et « ramasse » les trésors des temples. Et, à partir de ce moment, l'Angleterre peut compter sur ses marins et ses canons embarqués sur une flotte qui est probablement la mieux organisée de toute l'histoire.

10

La grande disponibilité des métaux précieux sabote le développement de l'empire espagnol

En 1977, *The Economist* avait créé l'expression de « *Dutch desease* » afin de décrire le déclin du secteur manufacturier hollandais après la découverte de grands champs gaziers en 1959. Cette malédiction des matières premières pourrait aussi s'appeler la maladie espagnole. En réalité, la découverte d'importantes mines d'argent au Mexique et dans l'ancien Pérou a saboté le développement de l'empire espagnol.

Les germes de la crise et de la décadence ont été semés quand la couronne espagnole a décidé de chasser Juifs et Arabes. La faiblesse du califat de Cordoue et son démembrement sont à la base de la Reconquista (financée essentiellement par les banques des Lombards) des territoires occupés par l'invasion arabe de 711-714. Après la chute de Tolède en 1085, seul le califat de Grenade reste sous contrôle musulman. Le mariage, en 1469, d'Isabelle de Castille et de Fernand II d'Aragon donne beaucoup plus de force et de pouvoir au nouveau royaume, qui se lance dans une « croisade » contre le dernier bastion musulman, dans le sud du pays. Grenade tombe en janvier 1492 et le pape Alexandre VI octroie aux rois d'Espagne le titre de « Rois Catholiques », en 1494. Mais c'est à partir de 1492 que s'intensifie la lutte contre les populations juives et musulmanes. Le décret d'Alhambra (31 mars 1492) prononce l'expulsion des Juifs, opération lancée quatre mois plus tard. La couronne séquestre les biens des Juifs pour garantir leurs dettes et les impôts à payer. Dans le cas des musulmans, une majorité de l'élite quitte déjà le sol espagnol en 1492, suivie par un grand nombre après le décret d'expulsion de 1502.

En une décennie, la structure sociale et économique de l'Espagne subit de plein fouet une grave hémorragie de population. Les Arabes sont surtout de petits commerçants, des agriculteurs travaillant dans des productions très spécifiques nécessitant de bonnes connaissances hydrauliques (orangers, coton, canne à sucre, riz), des producteurs de soie, des artisans (cuirs, céramiques, tissus). Sans oublier les intellectuels, les scientifiques et les traducteurs qui ont contribué à la diffusion de la culture arabe et indienne en Europe. Le départ très rapide des Juifs représente une lourde perte pour l'économie espagnole, qui ne peut plus compter sur un grand nombre de marchands dotés d'un bon réseau international, de banquiers, de médecins, d'avocats et, encore une fois, d'intellectuels et de scientifiques. L'économie espagnole subit un contrecoup qui est partiellement caché par la découverte de l'Amérique et le début de l'importation de métaux précieux.

Le flux d'argent couvre en partie le déficit de la balance commerciale espagnole

La découverte des mines d'argent de Zacatecas et de Potosi permet l'expansion de la production d'argent, qui augmente fortement dès que l'on utilise le mercure espagnol (mines d'Almadén) pour l'extraction du métal blanc, avec une accélération ultérieure, après la découverte à Huancavelica, dans les Andes, des mines de mercure (1564). Cet argent sert tout juste à couvrir les énormes dépenses militaires des deux « imprésarios de la guerre » (Charles Quint et Philippe II), les dépenses d'un empire qui consomme de plus en plus de ressources pour fonctionner du fait de son extension des Philippines aux Flandres, du Milanais à Naples, de la péninsule Ibérique aux Indes occidentales (Mexique-Caraïbes-Pérou). La demande de biens de cet empire tentaculaire qui engloutit d'immenses ressources n'est pas satisfaite par la production espagnole. Dans le secteur de l'armement, Madrid doit compter sur les armes produites en Italie et en Allemagne. C'est seulement à partir de 1540 que l'on peut parler d'un premier noyau d'arsenal d'artillerie à Séville et de fabrique d'explosifs à Grenade (1572) ; en 1593 est fondée la Real Fabrica de Armas, et il faut attendre la décision de Philippe V pour lancer la construction de trois arsenaux maritimes, au début du XVIIe siècle. Le pays importe beaucoup de céréales de la plaine du Pô et des régions baltiques, des métaux du bassin allemand, des tissus italiens et flamands, des cotonnades égyptiennes. Il est un gros client des grandes productions manufacturières de luxe vénitiennes, milanaises, allemandes, puis françaises. L'économiste Jean Bodin écrit en 1560 que l'Espagne ne peut pas vivre sans la France, car elle est forcée d'importer de la nation voisine beaucoup de matières premières, de denrées alimentaires, de produits industriels et artisanaux. Les produits de luxe arrivent de villes et de régions très précises : les livres, de Venise, Bâle et Amsterdam ; les verreries et les miroirs, Venise, comme les dentelles, auxquelles il faut ajouter la production flamande ; la soie, du Milanais (Côme) et directement de Chine *via* Manille par le galion ; les horloges, de Suisse et de Londres ; les tapis et les chaussures, du bassin persan. La demande pour les produits de luxe explose avec la naissance d'une nouvelle classe d'exploitants des richesses des Indes : il s'agit de nouveaux riches qui ont soif de consommation ostentatoire. Et l'Espagne fabrique très peu de produits destinés à l'exportation, sauf la laine et quelques métaux qui ne sont pas envoyés aux Indes. En revanche, elle exporte des produits en provenance des Indes : cochenille pour produire la couleur rouge, indigo pour le bleu, plantes médicinales comme le gaïac (contre la syphilis, produit tellement recherché que les Fugger obtiennent le monopole de sa distribution en Europe) et la quinine (fébrifuge, analgésique et antipaludique), appelée l'herbe des jésuites. Mais la balance commerciale reste toujours dans le rouge.

Le métal blanc décourage la production manufacturière espagnole

Beaucoup d'hommes sont mobilisés par l'armée, l'administration, l'Église et les ordres monastiques, et par les aventures entrepreneuriales dans les Indes. « En métropole », il reste très peu d'hommes à même de développer les productions industrielles et capables de se lancer dans des projets et des investissements manufacturiers. L'Espagne est, au XVIIe siècle, le pays européen disposant du plus grand nombre de nobles, car beaucoup de titres sont achetés directement au trésor espagnol. La grande noblesse a beaucoup plus intérêt à placer son argent dans les *juros* et titres de crédit du trésor espagnol que dans des investissements industriels. Les nouveaux hidalgos (petite noblesse) sont très occupés à faire fructifier les concessions obtenues de l'administration et n'ont aucun intérêt à se lancer dans des opérations industrielles risquées. L'Espagne, après avoir été un gros producteur de papier à Xativa, doit importer du papier des grandes papeteries italiennes de Fabriano. Le pays fait appel à des ingénieurs italiens et flamands spécialisés dans la métallurgie et dans l'hydraulique ; beaucoup de mineurs sont d'origine allemande... Dans la bibliothèque du palais royal de l'Escorial, il n'y a qu'une centaine de livres de mathématiques ; onze seulement sont écrits par des auteurs espagnols et imprimés en Espagne ; les autres ont été rédigés par des scientifiques espagnols, mais publiés à Anvers ou à Messine. Sans oublier la décision de Philippe II d'interdire les voyages à l'étranger pour y effectuer des études (1557). Le décret est annulé seulement en 1718 par Philippe V. Cervantès et Quevedo sont probablement les témoins ironiques et sarcastiques de cette décadence culturelle du pays qui sape à la base le *Siglo de Oro* et son extraordinaire développement.

La demande espagnole favorise et nourrit le développement de l'industrie européenne

La fiscalité pénalise durement les productions locales, surtout en Aragon et en Castille, où elle est plus lourde. De plus, l'émigration et les deux vagues de peste (1598-1602 et 1646-1651) réduisent la population espagnole de plus de 10 %. L'agriculture est fortement affectée par la pression fiscale et le développement de la *mesta*, un des deux systèmes de transhumance de la Méditerranée. L'association des grands propriétaires latifundistes organise le transfert de troupeaux d'ovins du sud au nord du pays dans un mouvement de transhumance qui pille tout sur son passage et se nourrit sur les terres communales et de la couronne. Le petit commerce doit payer l'impôt très injuste de l'*alcaba* – qui est peu appliqué aux grands propriétaires agricoles, car ils exportent leur production de laine. Les proto-industries des autres pays européens sont les grandes bénéficiaires de cette demande espagnole intarissable. Dès que le flux d'argent en provenance des mines américaines se réduit, l'économie espagnole, souffrant d'un sous-développement industriel structurel, entre dans une crise irréversible et, au-delà de 1648, l'empire démantelé renonce à toute stratégie expansive. Il se contente de protéger et de défendre quelques avantages acquis par la royauté et la noblesse, tandis que la misère s'étend dans le monde agricole.

* * *

Les hidalgos et les Grands d'Espagne ont plus intérêt à placer leurs *reales* dans la dette espagnole que dans les investissements industriels à risque. À cette époque, beaucoup de pays sont dans une position semblable, même si leurs fonds de gestion des capitaux réalisent des investissements, mais surtout à l'étranger.

11

Les Hollandais cèdent Manhattan, achetée avec des coquillages, aux Anglais, contre l'île de la noix de muscade

En 1511, les Portugais arrivent dans les îles de Banda, dix îles volcaniques bénéficiant d'un microclimat au centre de l'Indonésie. La structure très déchiquetée des côtes en rend l'abordage très difficile. Le capitaine portugais Garcia y retourne en 1529, mais la population est très hostile et il abandonne la mission. Dans une de ces îles, on cultive la noix de muscade. Mais il est bien plus facile de se procurer cette épice très chère dans les ports de l'Indonésie occidentale ou à Malacca. Profitant du déclin du commerce portugais, pénalisé par le passage de Lisbonne sous contrôle de l'empire espagnol, les Hollandais débarquent dans les îles de Banda en 1599. Trois ans plus tard est créée la VOC (Compagnie hollandaise des Indes orientales), qui commence son expansion fulgurante. Les administrateurs de la VOC à Amsterdam, qui sont tous des commerçants très avertis, comprennent qu'ils doivent contrôler et posséder l'archipel de Banda, surtout la minuscule île de Run (3 kilomètres sur 1), afin d'avoir le monopole de la production de la noix de muscade. Certains marins de l'EIC (Compagnie anglaise des Indes orientales) essaient de faire du commerce avec les habitants de Run en 1603 et proposent des prix pour les noix bien supérieurs à ceux payés par les marchands hollandais. En 1615, les Hollandais envahissent l'île d'Ai avec 900 hommes ; les Anglais contre-attaquent et tuent 200 Hollandais. En 1616, le jour de Noël, le capitaine de l'EIC Nathaniel Courthope débarque sur l'île et réussit à faire signer aux habitants un contrat de soumission au roi Jacques Ier.

Pour Londres, l'île est donc anglaise et Courthope commence à faire bâtir des forts pour la protéger contre les Hollandais. La VOC n'hésite pas à lancer ses hommes pour reconquérir l'île, qui ne tombe qu'après plus de quatre ans de siège. Les Anglais survivants quittent les lieux. Les Hollandais de la VOC montrent leur détermination et, surtout, leur férocité. En 1621, presque toute la population de Run et de certaines îles limitrophes est exterminée. Cet événement figure parmi les plus dramatiques et les plus sombres de l'histoire de la VOC. L'île est repeuplée avec des esclaves, des colons hollandais et des rescapés du massacre. Les Hollandais ont besoin de l'expérience des fermiers locaux pour cultiver les arbres de noix de muscade.

La noix de muscade : une des épices parmi les plus chères

La noix de muscade figure parmi les épices qui alimentent l'imaginaire des hommes. Utilisée à forte dose, elle est mortelle. Considérée comme aphrodisiaque, elle possède aussi beaucoup de pouvoirs médicamenteux qui seront dans une large mesure confirmés : antiseptique, antiasthénique, elle peut soigner les rhumatismes, les diarrhées et les difficultés de respiration. Elle a certainement un rôle tonique, antalgique (atténue la douleur) et analgésique (élimine la douleur)… Les esclaves, transportés vers l'Europe dans les conditions très pénibles, qu'on surprenait à consommer des noix en cachette pour calmer les douleurs étaient durement punis. De plus, on employait cette épice pour faciliter les accouchements, et les médecins d'Élisabeth ont même écrit que la noix préservait de la peste. Par ailleurs, cette épice, ainsi que le macis (la pellicule qui enveloppe et protège la noix), est utilisée en cuisine pour agrémenter les mets. Enfoncer une noix dans la viande permet aussi de la conserver plus longtemps. Au cours des XVIe-XVIIIe siècles, son prix est extrêmement élevé et, par exemple, la VOC n'hésite pas à brûler son magasin à Amsterdam où sont stockées des noix de muscade pour en faire monter les prix dans toute l'Europe. Le continent en est particulièrement friand, même si la demande indienne est le double de l'européenne… En moyenne, le prix d'achat de la noix à Run est multiplié par 200 ou 300 sur les marchés européens !

Lutte des Hollandais pour contrôler le monopole

L'Angleterre et la Hollande s'affrontent au cours de quatre guerres, essentiellement sur les océans. Il s'agit d'un conflit commercial pour la consolidation de la suprématie dans le négoce des épices. Lors de la deuxième guerre, les Anglais occupent les territoires hollandais en Amérique, parmi lesquels figure Manhattan. La baie de New York a été découverte en 1524 par le navigateur italien Giovanni da Verrazzano, qui est au service du roi de France, François Ier. La péninsule est redécouverte en 1609 par Henry Hudson, navigateur anglais travaillant pour la VOC. Hudson donne son nom à la rivière et baptise le petit village au bout de la péninsule du nom de New Amsterdam. Le sud de Manhattan devient un marché où l'on troque des peaux contre des produits européens. En 1626, le délégué de la VOC, Peter Minuit, achète cette péninsule aux Indiens Lenape ; le paiement de 60 florins se fait sous la forme de wampum, des coquillages que les tribus indiennes de l'Est utilisent au cours de leurs cérémonies.

En 1664, les Anglais bloquent le port et occupent Manhattan ; ils rebaptisent la ville New York, en l'honneur du duc de York et Albany. À la fin de la guerre, le traité de Breda (1667) prévoit que les Anglais conservent New York, tandis que les Hollandais sont très contents de garder la possession de l'île de Run ! Au cours des négociations, le délégué anglais propose de rendre New York en échange des usines de sucre du Surinam, occupées au début de l'année par les Hollandais, qui déclinent l'offre. À Amsterdam, la signature de ce traité est accompagnée par de grandes fêtes, car la Hollande a gagné une guerre contre l'Angleterre, affaiblie par la peste et par le grand incendie de Londres de 1666. De plus, les hommes de la VOC sont très fiers d'avoir gardé sous leur contrôle Run et le Surinam ! La paix est signée le 31 juillet ; mais, à cause des délais de communication, elle entre en vigueur seulement le 5 septembre dans la Manche et la mer du Nord, le 5 octobre dans les autres mers européennes, le 2 novembre sur la côte africaine au nord de l'équateur et le 24 avril de l'année suivante (*sic* !) dans le reste du monde. Au cours de la troisième guerre anglo-hollandaise (1672-1674), les Hollandais reprennent New York en 1673. Le traité de paix de Westminster met fin à la guerre et, entre autres, confirme que New York reste dans les mains des Anglais et que le Surinam et les îles de Banda appartiennent aux Hollandais.

* * *

Erreur tragique des Hollandais ? *A posteriori*, il s'agit d'un choix à court terme d'Amsterdam, mais personne n'anticipait un futur radieux pour la péninsule de Manhattan. Et New York, jusqu'à la construction du canal de l'Eire, était en forte concurrence avec Boston et Philadelphie. L'ouverture du couloir ouest-est (Lacs-New York), en plus du couloir nord-sud (par le Mississippi), est un atout formidable pour l'avenir de New York.

12

Quand les gouvernements créent des impôts sur tout : fenêtres, chapeaux, perruques…

Au cours de l'histoire, les gouvernements et les administrateurs locaux ont toujours été confrontés au même problème : comment obtenir des citoyens le maximum d'argent pour couvrir les dépenses des États, des régions et des villes… et très souvent des cours princières ou impériales. La fiscalité a donc toujours été un objet de conflit entre les gouvernants et les responsables politiques d'un côté et les citoyens assujettis à l'impôt de l'autre. L'administration cherche de plus en plus d'argent et ceux qui doivent payer les impôts essaient par tous les moyens de réduire ou même d'échapper à cette pression. Pour ces raisons, les services fiscaux ont imaginé toute une panoplie d'impôts pour collecter le maximum d'argent. Évidemment, il y a une limite que l'administration ne doit pas dépasser, car elle risque d'encaisser beaucoup moins d'argent. Quand les gouverneurs locaux des provinces romaines demandent d'augmenter les taxes et les impôts, l'empereur Tibère répond : « Le bon berger tond les moutons, il ne les écorche pas ! » Les percepteurs ont très souvent été haïs. Le cas le plus dramatique est représenté par la révolte contre le fisc à Lagash (Mésopotamie, environ quarante siècles av. J.-C.), avec l'assassinat de tous les hommes chargés de récolter les impôts. Un vieux proverbe sumérien affirme : « Tu peux avoir un maître, tu peux avoir un roi, mais l'homme à redouter, c'est le percepteur. »

Pecunia not olet (Vespasien)

Dans l'Égypte ancienne, il y a une taxe sur l'huile utilisée pour cuisiner. En effet, le seul vendeur de ce type d'huile est le pharaon, qui dispose du monopole, et l'acheteur n'est pas autorisé à réutiliser cette huile, car il n'aurait pas à payer la taxe. L'argent n'a pas d'odeur : voilà ce que l'empereur Vespasien (qui règne entre 69 et 79 apr. J.-C.) répond à son fils Titus qui lui reproche d'avoir créé une taxe sur l'urine qui était employée pour le traitement des tissus et le blanchissage, la tannerie, l'hygiène dentaire et la pharmacopée. Les acheteurs de l'urine doivent s'acquitter de la taxe. En 212 apr. J.-C., Caracalla, un empereur connu pour ses actes sanguinaires (les massacres d'Alexandrie de 215 et l'élimination systématique des ennemis) et sa mégalomanie, promulgue un édit (Constitution antonine) très important : tous les habitants de l'Empire deviennent citoyens romains. Cela implique que tout le monde doit payer les impôts, en particulier ceux de succession ; le fisc romain trouve ainsi 25 millions de nouveaux « clients à tondre » ! La fiscalité sur les successions représente une source substantielle de revenus qui permet à l'empire romain de retarder de quelques lustres la violente crise du IIIe siècle (225-284).

De la gabelle sur le sel à une taxe sur le savon

Le système fiscal romain applique une taxe sur le sel semblable à celle qui existe en Chine, où le commerce du sel est une activité importante. Toute forme de fiscalité sur le sel est détestée par la population, qui doit absolument se procurer ce produit. C'est un composant de son alimentation (besoin d'absorption de sel et goût des produits alimentaires) et de la nourriture des animaux. En outre, il est employé pour conserver les denrées périssables (viandes, poissons, fromages en particulier) jusqu'à l'invention des systèmes pour garder les produits alimentaires au froid et les surgeler. En France, la fiscalité sur le sel est introduite comme mesure temporaire par Louis IX (1246) ; relancée par Philippe IV (1286), elle est confirmée comme forme de fiscalité permanente par Philippe VI (1343) avec la création du monopole d'État du sel et des greniers à sel. La gabelle (de l'arabe dialectal *gabela*, variante de *qabala*, qui signifie « versement ») est appliquée d'une façon très dure sur les biens de première consommation.

Les fermiers chargés de la récolter s'engagent à verser un certain montant au trésor et à récupérer ce montant (plus un profit pour l'opération) chez la population, qui est pressée comme un citron. La contrebande du sel se développe partout en France, en particulier à travers les Alpes. Beaucoup d'historiens pensent qu'une des raisons de la Révolution française réside dans la gabelle. Et les hommes politiques de la Révolution l'abolissent en 1790. La rébellion de Gandhi, en Inde, se fait techniquement autour de la fiscalité sur le sel, avec la marche du sel de 1930 en vue d'arracher l'indépendance à la Grande-Bretagne. Au Moyen Âge, une taxe spéciale est appliquée sur l'achat du savon et, en Angleterre, cette taxe reste en vigueur jusqu'en 1835. Le roi anglais Henri Ier permet aux chevaliers de ne pas participer à la guerre, mais ils doivent s'acquitter d'une taxe spéciale : le « scutage ». Cette taxe n'est pas trop lourde, mais, dès que le roi Jean prend le pouvoir, il l'augmente de 300 % – d'où une violente opposition des nobles qui souhaitent se soustraire à leur devoir de participer aux guerres… et certains juristes pensent que l'adoption de la Magna Carta est une forme de réaction pour limiter le pouvoir du roi.

En 1535, le roi d'Angleterre Henri VIII – qui arbore une belle barbe – instaure une taxe sur les hommes qui portent la barbe. La fiscalité est modulée en fonction de la position sociale de l'homme. Élisabeth Ire suit l'idée de son père et institue, elle aussi, une taxe sur les barbes qui n'ont pas été coupées depuis deux semaines… En Russie, à la fin du XVIIe siècle, l'empereur Pierre Ier décide d'imposer le rasage de la barbe de ses sujets, dans l'intention « officielle » de les pousser à les couper pour des raisons hygiéniques et pour suivre la mode d'Europe occidentale. La taxe se monte à 100 roubles pour les nobles et les hauts fonctionnaires, et seulement à un demi-kopeck pour les paysans. L'empereur, qui porte des moustaches, ordonne de placer à l'entrée de Moscou (Saint-Pétersbourg devient la capitale de la Russie en 1712) des barbiers professionnels chargés de couper la barbe à tout arrivant ; de temps en temps, Pierre en personne officie, aidé par ses bouffons. On frappe même un jeton en bronze qui doit être acheté et porté sur soi par les hommes voulant garder la barbe. Le jeton présente sur une face l'aigle russe et sur l'autre une partie du visage d'un homme avec des moustaches et une barbe… Ce jeton commence à circuler régulièrement, comme s'il était une monnaie. Les plus réfractaires à raser leurs barbes sont les membres de l'Église orthodoxe, et leur pression sur le gouvernement est telle qu'ils en sont exemptés.

Toujours à la recherche d'argent frais, Oliver Cromwell impose une taxe sur les royalistes, qui sont ses opposants les plus farouches. Cette taxe frappe leurs propriétés à un taux de 10 % et ces recettes sont employées surtout pour lutter contre ces mêmes royalistes (*sic* !). Les cartes à jouer et les dés sont assujettis à une taxe spéciale depuis le XVIe siècle en Angleterre, et le gouvernement augmente brutalement cette taxe à partir de 1710. Les joueurs imaginent alors toutes sortes de solutions pour continuer à jouer avec des cartes produites artisanalement permettant d'éviter de payer cette taxe que le gouvernement abolit seulement en 1960. Encore en Angleterre, une taxe frappe les cheminées à partir de 1660 (2 shillings par foyer et par an). Pour continuer à se chauffer, les habitants érigent de faux murs qui cachent les cheminées et leur permettent d'échapper à la taxe, supprimée en 1689.

Les taxes sur les fenêtres et sur la poudre pour les perruques

En Angleterre, les fenêtres sont taxées à partir de 1696. Le trésor anglais, qui doit financer les guerres contre Louis XIV, est contraint de trouver de l'argent rapidement et introduit la *window tax*. Celle-ci est fondée sur le principe de la progressivité : 2 shillings par maison, auxquels il faut ajouter une taxe en fonction des fenêtres : rien à payer jusqu'à 9 fenêtres, 4 shillings pour les maisons disposant de 10 à 20 fenêtres, et 8 shillings au-delà de 20 fenêtres. Un pasteur écossais demande l'exemption et, dans sa lettre, écrit qu'il s'agit d'une taxe injuste sur la lumière et l'air. La réaction des habitants des maisons est immédiate : certaines fenêtres sont condamnées et murées. L'effet de ces mesures et contre-mesures est double : avant tout, la santé publique est durement mise à mal, car le niveau d'hygiène est automatiquement réduit et bien des maladies (comme la tuberculose) se propagent plus facilement. En revanche, l'art fait un pas en avant : la technique du trompe-l'œil se diffuse à tous les niveaux dans les villes. Le gouvernement de Londres décide de supprimer cette taxe seulement en 1851, préoccupé par son coût social et médical. La France de 1798, confrontée à la banqueroute, applique une mesure semblable : le ministre des Finances Dominique Ramel veut instaurer un nouvel impôt sur la propriété immobilière et retient comme critère le nombre de portes et de fenêtres. Cet impôt reste en vigueur jusqu'en 1926.

Le gouvernement whig de Henry Pelham, en 1745, crée une nouvelle taxe qui vise à frapper en particulier les riches possédant des lampadaires, des objets d'art et des doubles vitrages aux fenêtres. Les maîtres verriers déplacent la production en Irlande, qui bénéficie d'un régime fiscal sur le verre beaucoup plus favorable, même si l'île fait partie de l'Angleterre. Mais la fiscalité touche le poids de la production, qui réagit et se concentre dans la fabrication d'objets très fins et légers. Les familles pauvres renoncent aux vitres des fenêtres, et leurs maisons deviennent extrêmement malsaines. Cent ans plus tard, la revue médicale *The Lancet* écrit en 1845 : « D'un point de vue hygiénique, la taxe très lourde sur le verre (3 % sur sa valeur) est une des plus cruelles qu'un gouvernement puisse appliquer sur une nation… L'absence de lumière dans les habitations urbaines est reconnue par tous comme la principale cause des conditions malsaines dans une ville. »

Taxe sur les briques pour financer les guerres contre la France

En 1784, Londres est engagée dans une nouvelle guerre (la révolte des colonies américaines) : le déficit du budget et l'endettement public explosent. Le nouveau Premier Ministre, William Pitt le Jeune, crée une nouvelle taxe sur les briques : 4 shillings pour 1 000 briques. Les briqueteries réagissent immédiatement et produisent des briques plus grandes. À son tour, le gouvernement contre-réagit et impose des dimensions maximales pour les briques : 150 pouces cubiques (250 centimètres cubes). La taxe est augmentée trois fois, lors des guerres contre la France : en 1794, 1797 et 1805, quand elle atteint 5 shillings et 10 pence pour 1 000 briques… Dans beaucoup de régions, le bois remplace les briques dans la construction de maisons nouvelles. Encore en 1784, le gouvernement anglais instaure une taxe sur les chapeaux. Les chapeliers inventent alors toute une panoplie de mots pour désigner les chapeaux. Cette guerre sémantique se termine mal pour les chapeliers, car Londres, en 1804, décide d'affecter la taxe à tout couvre-chef posé sur la tête des hommes et des femmes pour les protéger ou pour les rendre plus élégants… Mais la taxe est abolie en 1811. Toujours à la recherche d'argent frais, en 1795, le parlement anglais vote un impôt d'une guinée par an sur les poudres parfumées appliquées sur les perruques. La liste des personnes exonérées est très longue et comprend la famille royale et ses serviteurs, les hommes de troupe et les sous-officiers, les religieux dotés d'un revenu inférieur à 100 livres par an… Les personnes qui peuvent se permettre de porter une perruque ne sont « pas trop proches de leurs sous » : cette taxe est donc acceptée, même si elle soulève des protestations et suscite la prolifération de vignettes humoristiques. En effet, elle change lentement les canons de la mode. En 1812, le nombre de personnes qui paient la taxe est de 46 684, mais il tombe à 997 en 1855 ; en 1869, cette taxe est supprimée.

Les bougies aussi sont frappées par une taxe en Angleterre depuis 1789 ; les citoyens ne sont pas autorisés à fabriquer leurs propres bougies, sauf s'ils en obtiennent la licence contre une taxe. Celle-ci est abolie en 1831, entraînant une forte hausse de la consommation des bougies dans les maisons britanniques.

En 1885, pour profiter de l'immigration des Chinois qui participent à la construction du grand réseau de chemins de fer, des canaux et des barrages, le Canada applique une taxe sur les Chinois (la *Chinese Head Tax*). Cette taxe réduit le nombre des Chinois dans le pays, mais elle est supprimée en 1923, quand une loi permet la libre entrée dans le pays de ces travailleurs.

* * *

Un vieux proverbe français affirmait : « Seuls sont éternels la mort et les impôts. » Toute l'histoire est parsemée de tentatives d'augmenter les impôts qui, souvent, ont alimenté des révoltes et des révolutions.

13

La chute des températures du XVIIe siècle déclenche famines et instabilité politique et sociale

Entre 1635 et 1665 éclatent une cinquantaine de révoltes. Des révolutions et des changements de régime politique ont lieu dans les quatre continents connus à l'époque. Tous ces événements entraînent un nombre très élevé de conflits entre les États et de guerres civiles. Parmi les causes principales de ces mouvements populaires et sociaux figure la hausse du prix des céréales, alimentée par une dégradation sensible du climat qui se manifeste par des hivers très froids, des étés très humides et sans soleil. Les climatologues ont identifié très clairement cette période et l'ont appelée la « petite ère glaciaire ». La terre avait déjà enregistré des phénomènes semblables, surtout à partir du IIIe siècle apr. J.-C. (avec la crise de l'empire romain, la chute des empires perse, indien des Kushana et chinois des Han), au début du XIe siècle (avec la terrible année 1010, signalée par tous les scientifiques arabes, qui accélère la décadence des califats) et au début du XIVe siècle (avec les grandes famines qui ravagent l'Europe, avant la grande peste noire).

Le minimum de Maunder

La chute des températures dans le monde entier au XVIIe siècle est expliquée, entre autres, par l'évolution de l'activité solaire. Le « minimum de Maunder » correspond à un déficit marqué du nombre de taches solaires entre 1645 et 1715. Un siècle après le minimum de Maunder, on enregistre le « minimum de Dalton ». Indépendamment de ces périodes de minimum apparaît très clairement une modulation du nombre de taches solaires, suivant le cycle solaire d'environ onze ans. Les historiens du climat ajoutent à ce phénomène une forte activité volcanique, avec des éruptions longues et violentes qui ont rejeté dans l'atmosphère un volume significatif de cendres, lesquelles ont réduit la puissance des rayons solaires et déchargé dans l'atmosphère beaucoup d'oxyde de soufre. En particulier, on sait que douze éruptions volcaniques se sont produites dans le Pacifique entre 1638 et 1644 : les astronomes coréens de l'époque ont signalé que « le ciel était obscur, et grisâtre comme s'il y avait une poudre dans l'atmosphère ». De plus, le phénomène cyclique *d'el Niño* a été particulièrement violent. Dans les années normales, les pluies dans l'Asie méridionale et orientale favorisent les récoltes. Quand *el Niño* se manifeste, les pluies causent des inondations en Amérique centrale et méridionale, et de la sécheresse dans toute l'Asie.

Le 26 juin 1675, Mme de Sévigné écrit à Paris une lettre destinée à sa fille, Mme de Grignan : « Il fait un froid horrible. Nous nous chauffons… Nous avons eu un froid étrange, mais j'admire bien plus le vôtre… Il me semble qu'au mois de juin, je n'avais pas froid en Provence. » Et Montesquieu, dans ses *Lettres persanes*, parle du climat ; mais c'est dans *De l'esprit des lois* qu'il reprend avec plus de force le concept du climat qui influence la politique. À son tour, Voltaire soutient que les rébellions du XVIIe siècle ont été causées par la combinaison d'une mauvaise gestion des affaires par les gouvernements, de la religion et du climat très défavorable.

Forte hausse des prix alimentaires et révoltes paysannes

Des récoltes désastreuses provoquent des famines et forcent les paysans à abattre leur cheptel, car ils sont dans l'impossibilité de le nourrir. Les guerres empêchent les transferts des surplus alimentaires (la guerre de Trente Ans limite les exportations de blé hanséatique), les épidémies se développent (la peste de 1630, surtout en Italie), les aspects religieux des sociétés sont exacerbés et la recherche de coupables et de boucs émissaires se manifeste par des pogroms contre certaines minorités religieuses et par la chasse aux sorcières. En Écosse, 1649 et 1650 sont des années de graves famines et coïncident avec le plus grand nombre d'exécutions pour sorcellerie de toute l'histoire du pays.

En 1635, des révoltes populaires secouent la Chine de la dynastie des Ming, déjà très affaiblie. L'année suivante, c'est le tour des croquants en Périgord, suivis par l'insurrection paysanne en Autriche du Sud. En 1637 éclatent la révolte des cosaques, la révolution écossaise, le soulèvement d'Evora dans le sud du Portugal contre la pression fiscale de Madrid, la tentative de sécession de la Catalogne (qui n'est étouffée qu'en 1651) et la rébellion des paysans de Shimabara, au Japon, au cours du shogunat de Tokugawa, qui se termine dans le sang avec le massacre des insurgés. Entre 1639 (avec l'éclipse solaire en Europe du 1er juin 1639 « qui porte malheur ») et 1641, les Chinois se rebellent à Manille, et les va-nu-pieds en Normandie se révoltent contre l'imposition de la gabelle. Éclatent également la révolte catalane et celle des Portugais à Mombasa dans le Mozambique, à Goa et à Ceylan contre les Espagnols dans le cadre de la guerre de la restauration portugaise, la rébellion irlandaise de 1641 alimentée par de mauvaises récoltes et la famine, et en Andalousie le complot du duc de Medina Sidonia. En 1642, c'est le tour de la guerre civile anglaise entre les « têtes rondes » (les partisans du Parlement), dirigées par Oliver Cromwell, et les royalistes, soutenant le roi Charles Ier et surnommés les « cavaliers ». Cette guerre civile est exportée dans les colonies anglaises en Amérique, qui participent au conflit.

Chute des Ming et troubles pour la Sublime Porte

En 1644 se produit en Asie un événement majeur : la dynastie Ming, proche de l'effondrement, n'arrive plus à payer les soldats et la capitale Beijing tombe aux mains des rebelles mandchous, qui s'appuient sur la révolte des paysans affamés. Le climat est particulièrement mauvais en 1647-1648 ; au cours de ces deux années, les révoltes sont essentiellement urbaines, à Naples et en Sicile, suivies par la Fronde, les rébellions en Russie (qui est le plus grand pays du monde), à Moscou et dans d'autres villes russes, biélorusses, ukrainiennes et polonaises. En 1648, le sultan ottoman Ibrahim Ier perd son pouvoir. Atteint d'une maladie mentale, il s'isole dans le harem de Topkapi. Le crescendo des problèmes économiques du pays favorise une révolution de palais et le sultan est même décapité. Un autre souverain « perd la tête » en 1649 : le roi d'Angleterre Charles Ier, qui avait réintroduit la très impopulaire *ship tax* ; après un procès pour haute trahison, il est condamné à mort avec la proclamation de la République de Cromwell. En 1651, après la mort du shogun Tokugawa Iemitsu, on découvre les plans d'un coup d'État contre la dynastie Tokugawa, affaiblie par le mécontentement des paysans souffrant de la faim et de la pression fiscale. Au cours de la régence, deux samouraïs, Yui Shosetsu et Marubashi Chuya, prévoient de lancer leurs troupes contre la capitale Edo, son château et les autres villes importantes du pays. Les instigateurs de cette conspiration du prince de Tosa, comme on l'appelle, sont massacrés avec nombre de leurs lieutenants. Et, toujours en 1651, commencent des révoltes à Constantinople, en Andalousie, et la guerre des paysans en Suisse allemande de 1653. Celle-ci est causée essentiellement par une hausse de la fiscalité, la famine et la reprise de l'économie de l'Allemagne du Sud, favorisée par la paix de Westphalie qui met fin à la guerre de Trente Ans – laquelle, en revanche, a été une aubaine pour l'économie suisse.

Constantinople revient sur la scène après la dévaluation brutale de la monnaie en 1656 et la « fuite de la nouvelle monnaie », dite « rouge », que les marchands de Constantinople refusent d'accepter. Un groupe de janissaires se rebelle ; ils n'ont pas été payés à la fin de la guerre en Crète, car les finances de l'empire ottoman sont exsangues après le conflit très coûteux contre Venise. Au même moment se manifestent des mécontentements alimentant un climat d'instabilité sociale dans toute l'Anatolie. Ces militaires réussissent à forcer la main du jeune sultan et font pendre beaucoup de hauts responsables de l'administration à des platanes (d'où le nom d'« incident des platanes »). En moins de huit ans, dix vizirs se sont succédé et ont essayé, sans succès, de résoudre les problèmes de l'empire, aggravés par de mauvaises récoltes. En 1658, la guerre civile au sein de l'empire moghol se déroule en Inde, qui est la deuxième plus grande puissance économique mondiale. Le pays est secoué par les modifications des équilibres économiques dans l'océan Indien entre les empires portugais, espagnol, hollandais et anglais, et par des récoltes désastreuses à cause des moussons très irrégulières. Enfin, en 1665, on enregistre la chute du riche royaume de Congo, fondé en 1395 ; le royaume, qui englobe l'Angola, est déchiré par une violente guerre civile, alimentée par un changement radical du climat dans les régions africaines subéquatoriales et par l'action militaire des Portugais qui veulent contrôler l'Angola.

* * *

Entre le IIe siècle av. J.-C. et le IIe siècle apr. J.-C., le climat a permis aux empires romain, des Perses, des Kushana et à la dynastie des Han de se développer fortement ; et, en moins de vingt ans, les trois derniers se sont effondrés et Rome a dû faire face à la crise du IIIe siècle avec le refroidissement des températures. Le réchauffement de la fin du Xe siècle a fait tomber les Tang, déstabilisé les Mayas et les califats, et les Vikings sont arrivés à Paris…

14

Les banques centrales sont créées pour financer les guerres

Pratiquement toutes les banques centrales, et les institutions équivalentes, ont vu le jour pour aider les trésors des pays pris à la gorge par le financement des guerres et/ou pour consolider la dette après les guerres. Une des premières banques centrales, la Casa di San Giorgio de Gênes, a été créée en 1407 par la Superbe, saignée à blanc par les guerres contre Pise, puis contre Venise. La dette de Gênes risque d'engloutir la république maritime. La Casa se charge de consolider la dette et de souscrire aux emprunts (le *compere)* garantis par l'encaissement des impôts (opération réalisée immédiatement et/ou à terme). « État dans l'État », selon Machiavel, la Casa consolide les finances de la ville et participe activement au siècle d'or des Génois. Et à Venise, à partir de 1587, le Banco del Rialto ouvre ses portes avec la fonction d'assister les finances de la ville, fortement sollicitées par les guerres en « terre ferme » et en Méditerranée orientale contre la flotte de la Sublime Porte. En 1619, cette banque est « flanquée » par le Banco Giro, chargé d'effectuer les paiements de l'État aux fournisseurs et d'encaisser les versements des entreprises et des citoyens en faveur des caisses de l'État. Situé sous les portiques du marché de Rialto, le Banco reçoit aussi des dépôts des marchands et des particuliers qui sont garantis par l'État de Venise. Le Banco est placé sous la vigilance et le contrôle du *Magistrato sopra il Banco*, qui change régulièrement pour assurer une grande indépendance de jugement et éviter les tentations de connivence. Le Banco continue ses opérations jusqu'à la prise de contrôle de la ville par Napoléon.

D'autres banques centrales sont créées, toujours pour aider les finances des pays en guerre. La Suède, qui est en guerre presque permanente avec les pays du nord de l'Europe entre 1620 et 1721, fonde la Riksbank en 1688. La Banque d'Angleterre voit le jour en 1694, alors que le pays est en guerre contre la Ligue d'Augsbourg (1688-1697) ; en 1695, Mr. Michael Godfrey, le *first vice-governor* de la Banque, est tué dans les tranchées en juillet, à côté du roi Guillaume III. Les deux hommes doivent s'entretenir du financement de l'armée anglaise, dont la moitié est mobilisée dans cette guerre. Les troupes anglaises sont en train d'attaquer la citadelle de Namur, aux mains de Louis XIV. La Wiener Stadt-Bank (quasi-banque centrale des Habsbourg) est fondée en 1706 et suit la création de la Wiener Giro-Bank de 1703 ; celle-ci a pour vocation de mettre de l'ordre dans les finances des Habsbourg à la fin de la longue guerre contre les Turcs. Le roi Frédéric le Grand fonde la Banque royale de Prusse en 1765 pour aider le pays à la suite de la guerre de Sept Ans (1755-1763), qui a saigné le royaume à blanc. Les deux expériences de mise en place d'une banque fédérale des États-Unis (1791-1811 et 1816-1836) doivent restaurer l'ordre dans les finances de la Confédération après deux guerres importantes : la guerre d'Indépendance (1776-1783) et la guerre de 1812. Les guerres napoléoniennes donnent naissance à la Banque de France (1800), à la Banque de Finlande (1811), à la Banque de Hollande (1814). Trois autres banques sont fondées pour aider les finances des pays à la fin des guerres : la Banque d'Autriche (1816), la Banque de Norvège (1816) et la Banque du Danemark (1818). La Banque du Portugal est fondée en 1846, à l'occasion de la guerre civile de 1846-1847. Les banques centrales du Deutsche Reich (1871), du Japon (1882) et d'Italie (1893) sont le fruit de l'unification des deux États européens et du changement de régime au Japon (bien après la fin de l'époque Edo). En revanche, la Federal Reserve des États-Unis (1913) est née après la terrible crise de 1907, causée par la spéculation sur le marché du cuivre et sur les actions minières cuprifères. Toutes les banques ont collaboré intensément au financement des guerres, en particulier de la Première et de la Seconde Guerre mondiale, et ont très souvent souscrit aux emprunts des États qui ne trouvaient pas assez d'acheteurs sur les marchés…

* * *

La crise économico-financière qui a commencé en 2007 a relancé le rôle essentiel des principales banques centrales et de la politique monétaire. Face à la faiblesse des politiques fiscales et budgétaires, et à l'immobilisme du monde politique, les banques centrales ont pris le taureau par les cornes…

15

Londres imprime de *faux continentals*, de faux assignats, et Napoléon de faux billets des empires ennemis

Une vieille expression populaire américaine dit : « Ça ne vaut pas un *continental* ! », signifiant que le bien dont on parle ne vaut pas grand-chose. En effet, après le début de la guerre d'indépendance des treize colonies américaines contre l'empire britannique, Londres suspend la production de livres anglaises destinées aux colonies. En 1764, Londres avait déjà interdit toute émission de monnaie locale par ses différents États coloniaux. Certains économistes américains estiment que cette décision est beaucoup plus importante que la taxe sur le thé comme catalyseur de la révolte des treize colonies contre la Grande-Bretagne. À partir de 1775, les « rebelles » commencent à imprimer des *continentals* : cette monnaie circule sur le continent américain, mais est difficilement acceptée pour payer les importations en provenance d'Europe. Au cours de la révolution, le Congrès fait imprimer des *continentals* pour une contre-valeur de 241 552 780 dollars. La réaction anglaise se fait un peu attendre : c'est seulement à partir de 1778 que les presses anglaises de l'*Old Lady* (la Banque d'Angleterre, comme elle est appelée dans le jargon des financiers) se trouvant sur le bateau de guerre *HMS Phoenix*, amarré dans la baie de New York, commencent à imprimer de faux *continentals* que les espions anglais se chargent de faire circuler sur les marchés des treize colonies. New York reste sous contrôle des Anglais pendant longtemps et les bâtiments de raffinerie de sucre de la ville ainsi que certains bateaux sont transformés en prisons pour les « rebelles », dont les conditions de détention sont effroyables. Parmi les faussaires, deux sont très connus : David Farnsworth et John Blair. Lors de leur arrestation, ils sont en possession de *continentals* pour une contre-valeur de 10000 dollars. George Washington s'occupe personnellement de leur cas et demande même qu'ils soient torturés pour obtenir plus d'informations. Ils sont pendus pour leur crime. Benjamin Franklin écrit : « Les artistes qui ont été employés dans la contrefaçon ont été des professionnels et cette opération a largement contribué à la dépréciation de la monnaie. »

Londres lance une véritable guerre économique

Le gouvernement anglais pense qu'une guerre « économique » peut affaiblir les efforts des treize colonies. Il commence donc par le blocus des importations et exportations des ports de la côte Est, dissuade fortement ses banques d'accorder des prêts aux « rebelles » et accompagne ces décisions par la mise en circulation de faux *continentals* qui perdent beaucoup de leur valeur. Dans son livre *La Richesse des nations*, publié en 1776, Adam Smith critique très vivement les *continentals*, qui représentent une « violente injustice pour les créanciers ». Ils sont de la monnaie fiduciaire et sont garantis par des « *Spanish milled dollars* » ; mais, *de facto*, personne ne croit à cette garantie et leur valeur se dégrade progressivement. Les *milled* dollars espagnols sont en effet des pièces de huit en argent frappées par le Mexique entre 1732 et 1826 avec des machines très modernes assurant une production excellente et un poids de la pièce constant ; qualité qui a favorisé la circulation de ces pièces dans le monde entier. Les *continentals* doivent être garantis par les entrées fiscales des treize colonies ; mais les revenus fiscaux se révèlent bien inférieurs aux attentes. Le *continental* se déprécie encore et, en janvier 1778, un certain nombre de délégués se réunissent à New Haven et décident de bloquer les prix : cette mesure est un vrai désastre, car elle provoque une hausse violente des prix. Et, à partir de 1780, la valeur du *continental* fluctue entre un cinquième et un septième de sa valeur faciale. Dans une lettre à John Jay, le président du Congrès, le général George Washington, écrit : « Un char plein de billets peut difficilement acheter un char plein de provisions. »

Vers la fin de 1780, la valeur du *continental* est tombée à un quarantième. La situation financière des colonies est très particulière : le Congrès continental a le pouvoir d'emprunter et de dépenser, mais il n'a pas le droit de collecter des impôts ; en effet, chaque colonie dispose encore de sa propre souveraineté. Le Congrès doit donc faire appel à la planche à billets. Entre 1775 et 1780, la frappe de la nouvelle monnaie finance les efforts de guerre ; ensuite, entre la fin de 1780 et 1783, le Congrès recourt aux emprunts à l'étranger et aux réquisitions. Les historiens américains estiment que la révolution américaine n'aurait pas pu aboutir si la France n'avait pas accordé au Congrès un prêt important en 1779. À la fin de la guerre, le Congrès continental a emprunté un total de 67 millions de dollars auprès de la France (principal pourvoyeur de fonds), de l'Espagne, de la Hollande et d'investisseurs privés.

À partir de 1781, les soldats refusent le paiement de leur solde en *continentals*, dont la valeur tombe à un centième du nominal, comme à Rome au cours de la grave crise du IIIe siècle. Les agriculteurs de Pennsylvanie ne veulent pas vendre leurs céréales contre des *continentals*, mais acceptent volontiers les monnaies d'or et d'argent proposées par les soldats anglais.

Les continentals sont supprimés

À partir de 1783, les billets *continentals* ne sont plus émis et, deux ans plus tard, le Congrès des treize colonies décrète que le dollar sera la monnaie de la nouvelle Confédération. En 1789, les colonies votent la Constitution et la First Bank of the United States entre en service en 1791. Elle est autorisée à émettre des billets de banque pour éliminer toute confusion, et surtout pour permettre de rétablir le système monétaire. Au cours de la même année, les *continentals* sont « généreusement » échangés contre des bons du trésor américain… à un taux d'un centième de leur valeur nominale. Et, en 1792, le système monétaire fédéral est créé, avec la fondation de la monnaie à Philadelphie (le Mint).

Londres frappe de faux assignats pour saboter la Révolution française

Londres décide de mettre en circulation de faux assignats pour saboter les finances de la France révolutionnaire : dix-sept ateliers, employant 400 faussaires, travaillent à plein temps. Leur production est de très bonne qualité, car en France personne n'arrive à distinguer un vrai billet d'un faux. En mai 1795, on estime que la circulation de faux assignats représente de 12 à 15 milliards de francs. Dans *La Vie de Sir Robert Peel*, l'historien anglais Sir Thomas Doubleday décrit sa visite à une papeterie écossaise qui produit de faux assignats depuis 1790. Quantité de faux assignats sont envoyés dans les ports de Bretagne pour être remis aux armées vendéennes. Dans cette région, trois fonctionnaires sont chargés de vérifier la validité des assignats. L'un des trois est guillotiné sur la place de la Concorde le 9 novembre 1793, car il fait imprimer de faux assignats pour son usage personnel. Dès que le volume en circulation d'assignats dépasse le niveau de 40 milliards de francs, les conventionnels détruisent les plaques de production et lancent les mandats ; deux ans après, leur valeur aura baissé de 97 % ! Le Directoire, selon les mémoires de Barras, riposte avec la production de fausses livres.

Napoléon et les faussaires de la rue de Vaugirard à Paris

Au début de 1808, Napoléon décide de recourir aux mêmes méthodes pour agir sur la masse monétaire des pays ennemis, parmi lesquels la Grande-Bretagne, l'Autriche, la Prusse et la Russie. L'opération commence en 1809. Joseph Fouché, le puissant ministre de la Police durant le Consulat et l'Empire, avec la complicité du chef de la police secrète, Pierre-Marie Desmarets, organise un système très discret pour imprimer de faux billets des nations qui sont en guerre avec la France. Des graveurs officiels du gouvernement sont convoqués séparément au ministère pour être informés de quelques détails du plan, mais ils ne connaissent pas la totalité de l'engrenage. Après le départ de Fouché, son successeur Savary (le duc de Rovigo) continue à soutenir l'opération. Tous les participants reçoivent des sauf-conduits pour les protéger contre la police, au cas où leur activité serait découverte. Ce sauf-conduit ordonne à tout officier de police de stopper toute enquête et de suspendre toute perquisition sur la personne exhibant le document qui est signé en bonne et due forme le 1er août 1810 dans les locaux de l'Hôtel général de police de l'Empire à Paris. À chaque ouvrier, bien rémunéré avec 9 francs par jour, on confie une mission et un travail spécifiques, et très peu de graveurs sont au courant de l'organisation générale. L'atelier principal se trouve à Paris, au 25, rue de Vaugirard ; mais certaines plaques sont gravées dans une maison du faubourg Saint-Jacques. Le travail de différents graveurs est concentré et « assemblé » rue de Vaugirard, où travaille l'imprimeur en chef Fain, frère du secrétaire-archiviste de l'Empereur et membre du cabinet particulier ; cet homme coordonne toute la partie technique de la production des faux billets. Napoléon en personne et Duroc visitent l'atelier. Mais, le 14 octobre 1809, la France signe un traité de paix avec l'Autriche (la paix de Schönbrunn, qui suit la victoire à Wagram de la Grande Armée) ; Napoléon, probablement à l'apogée de son aventure militaire, révèle à Metternich que son pays a évité de très peu l'invasion de faux billets, et s'engage à procéder à leur destruction. Il s'agit de faux billets d'un montant de 300 millions de florins. Mais quelques billets échappent à la destruction et la Banque de Vienne signale pendant un certain temps que des Français ont essayé d'effectuer des paiements avec de faux billets. En revanche, les faux billets anglais circulent sans trop de problèmes en Grande-Bretagne et aussi sur le continent. Leur qualité est parfaite et la Banque d'Angleterre déclenche une chasse impitoyable aux fausses livres, avec très peu de succès.

En 1812, c'est le tour de la Russie : Savary lance l'offensive à coups de faux billets et le conseiller d'État Le Lorgne d'Ideville, secrétaire-interprète de l'Empereur et animateur d'un réseau d'espionnage en Russie, s'occupe entièrement de l'affaire. De plus, au cours de l'été 1813, Napoléon en personne donne l'ordre de préparer une fausse monnaie autrichienne, avant encore que Vienne ne déclare la guerre à la France. De faux billets prussiens sont aussi imprimés et Lale, un des graveurs faussaires, refuse de travailler à la production, car la Prusse n'est pas en guerre contre la France. Desmarets doit donc chercher l'aide d'un autre maître graveur.

La police découvre l'atelier des faussaires « officiels »

Le commissaire de police Pasquier découvre l'atelier de la rue de Vaugirard : « Il fallut enfoncer les portes, il y eut quelques blessés de part et d'autre, et le résultat fut la découverte d'une fabrication, organisée en grand, de faux billets de banque. Cette fois, il s'agit de la Banque russe et même de la Banque de Vienne », écrit-il dans ses mémoires. Évidemment, le duc de Rovigo se rend sans hésiter chez le commissaire et lui explique qu'il faut oublier sa découverte et que la Grande Armée utilise – entre autres – en Russie de faux billets de 25 et de 50 roubles pour financer des opérations et des achats de matériel, de vivres et de fourrages pour les animaux.

Les opérations sont reprises, mais, vers la fin de 1813, tous ces trafics sont suspendus et, dès que les Russes arrivent à Paris, ils veulent récupérer très rapidement tout le matériel destiné à produire des roubles ; mais Savary avait donné l'ordre de le détruire. Selon un rapport de Beugnot, commissaire à l'Intérieur et aux Cultes, déposé sur le bureau de Louis XVIII, 430000 florins autrichiens furent envoyés en Italie, 180000 octroyés à un banquier français et 60000 vendus à des particuliers. Les faux billets de la Banque d'Angleterre (500000 billets environ) furent écoulés notamment par Charles-Louis Schulmeister, brillant espion souvent chargé de missions spéciales par Napoléon, et Louis-Antoine Fauvelet de Bourrienne, ami personnel de l'Empereur et ancien secrétaire de Bonaparte, devenu chargé d'affaires à Hambourg. Beugnot ne précise pas si les coupures russes furent mises en circulation.

* * *

L'histoire est parsemée de manipulations monétaires pour financer les guerres et pour déstabiliser l'économie de l'ennemi. Par exemple, lorsque le duc de Milan Galéas Sforza décide de mobiliser une armée pour lancer une attaque contre Venise, il fait produire de faux ducats de la Sérénissime entre 1470 et 1476. Et même le très austère roi de Prusse, Fréderic le Grand, au cours de la guerre de Sept Ans, fait frapper de fausses pièces des pays ennemis.

16

L'huile de baleine devient la cinquième industrie aux États-Unis

Vers 1855, à son apogée, l'industrie américaine de l'huile de baleine figure à la cinquième place dans le classement des industries du pays. En 1833, la flotte américaine de baleiniers est composée de 392 bateaux et, en 1846, les États-Unis disposent d'une flotte de 735 bateaux sur les 900 existants dans le monde. La ville baleinière de New Bedford, à 80 kilomètres au sud de Boston, devient même le centre de cette grande industrie. Vers la moitié du XIXe siècle, ce port est le quatrième des États-Unis et contrôle 20 % de ces activités ; les habitants de New Bedford touchent le revenu *pro capita* le plus élevé d'Amérique. Les propriétaires des bateaux inventent même des formules révolutionnaires pour payer les salaires des marins : du capitaine au dernier des mousses, tout le monde est rémunéré en fonction du volume des produits rapportés, et non sur chaque voyage, avec de gros bénéfices quand la pêche est très bonne.

L'énorme succès de l'huile de baleine

La chasse à la baleine est déjà pratiquée par l'homme préhistorique. La première mention de cette activité est japonaise : le *Kojiki*, le plus vieux livre de l'histoire nippone, signale que de la chair de baleine a été servie à l'empereur, et les marins japonais inventent le harpon. Le célèbre coup de main du commodore américain Matthew Perry de 1853 forçant Tokyo à ouvrir son économie au monde avait pour but, entre autres, de permettre à la flotte baleinière américaine d'avoir accès aux ports du Pacifique du Nord-Ouest. En Europe, des documents basques font une première mention en 1059 de cette activité, qui se développe fortement avec l'ouverture de la navigation de l'océan Atlantique. Elle est très rémunératrice et des compagnies anglaises (la Muscovy Company et, un siècle après, la sulfureuse South Sea Company), hollandaises (la Noordsche Compagnie) et danoises sont créées à partir du XVIe siècle ; elles ont recours à beaucoup de marins basques, prisés pour leur grande expérience. L'activité déclenche des guerres parmi les marins, appuyés par leurs États respectifs. Au cours de la guerre d'Indépendance américaine, la British Navy donne la chasse aux baleiniers de la Nouvelle-Angleterre, car les produits issus de ces cétacés ont un rôle stratégique dans la conduite de la guerre. L'huile de baleine est utilisée pour les lampes à huile, et le gras pour la production de savons. La révolution industrielle accélère la chasse aux cétacés, car les machines et les locomotives ont besoin d'une grande quantité de lubrifiant, que seules les baleines peuvent offrir. En effet, on récupère presque tout d'une carcasse de baleine. La chair, salée pour être conservée, est une source importante de protéines et de graisses. On utilise surtout l'huile comme lubrifiant et pour le chauffage, l'éclairage et la cuisine. Le spermaceti, extrait du crâne de l'animal, sert à la production de bougies et dans la pharmacopée comme excipient. L'ambre gris est employé pour fixer les parfums ; les fanons, pour fabriquer les « baleines » des parapluies et des corsets pour les dames. Les intestins séchés sont très appréciés pour la production de cordages.

Un désastre écologique évité par l'arrivée du pétrole

Vers le milieu du XIXe siècle, les harponniers réussissent à chasser en moyenne jusqu'à 15 000 baleines par an, avec un impact catastrophique sur la population des cétacés. Le prix d'un gallon d'huile de baleine oscille entre 1,50 et 2 dollars, et les États-Unis produisent en 1856 entre 4 et 5 millions de gallons de spermaceti et entre 6 et 10 millions de gallons de *train oil*, huile lubrifiante. La découverte du pétrole de Pennsylvanie permet d'éviter un désastre écologique. En 1859, les États-Unis produisent moins de 2 000 barils par an de pétrole ; une quarantaine d'années plus tard, la production monte à 2 000 barils toutes les dix-sept minutes ! Et l'industrie baleinière américaine périclite rapidement. Mais la crise a commencé au cours des années 1850. En effet, les coûts salariaux américains rendent beaucoup moins compétitifs les marins embarqués sur des bateaux américains par rapport aux Norvégiens et aux marins d'autres nations acceptant des salaires moins élevés. Entre 1860 et 1880, les salaires américains grimpent d'un tiers, mais les rémunérations des marins norvégiens ne suivent pas. De plus, d'autres secteurs industriels sont en pleine expansion aux États-Unis et attirent capitaux et main-d'œuvre, qui abandonnent le secteur baleinier pour investir et travailler dans les chemins de fer, le pétrole et la sidérurgie. L'invention de Michael Dietz (brevetée en 1859), suivie par celle de John Irvin (brevetée en 1861), des lampes à pétrole change rapidement le panorama et, dès 1860, trente centres sont capables de raffiner le pétrole et de produire du pétrole pour les lampes. En 1895, le prix de l'huile de baleine tombe à 40 cents le gallon, et celui du kérosène – comme les Américains appellent l'huile pour les lampes – à moins de 7 cents le gallon. L'industrie baleinière américaine est balayée : moins de cinquante ans après son apogée, 90 % des bateaux baleiniers ont été transformés ou abandonnés. Le 3 septembre 1860, le *California Fireside Journal*, une publication qui défend les intérêts de l'industrie pétrolière naissante, écrit : « Si l'on n'avait pas découvert le pétrole, la race des cétacés aurait disparu au cours des dix prochaines années… »

* * *

Cette chute vertigineuse rappelle l'effondrement des compagnies spécialisées dans le transport par diligence, balayées par le chemin de fer sur les principales lignes de communication.

17

L'Alaska est vendu par la Russie pour rembourser un emprunt octroyé par la maison Rothschild

L'accord est signé à 4 heures du matin le 30 mars 1867, à Washington, entre l'ambassadeur russe, le baron Eduard Stoeckl, et William Seward, le secrétaire d'État américain. Il prévoit la cession de l'Alaska, un territoire de plus de 1,5 million de kilomètres carrés, pour 7,2 millions de dollars-or (11 millions de roubles-or). Ce montant signifie que chaque kilomètre carré a été payé 4,80 dollars ! Beaucoup de Russes restent très perplexes quant à la décision du tsar Alexandre II, car ils estiment que le prix est trop bas. De l'autre côté du Pacifique, la presse américaine est également critique : les éditorialistes trempent leur plume dans du vitriol pour commenter l'achat. De plus, beaucoup d'hommes du Capitole affirment que Washington se trompe : le pays paierait un prix trop élevé pour des « arpents de neige » sans valeur qui pourraient affaiblir les États-Unis sur un plan militaire et, surtout, alourdir le budget fédéral. Cent ans après, le député républicain Washburn déclare qu'avec l'achat de l'Alaska les États-Unis ont enregistré un profit équivalant à 425 fois le prix payé grâce aux découvertes d'or, de métaux de base, de pétrole, et à la production de bois et de peaux d'animaux à fourrure.

Quand le nord du Pacifique était un « lac russe »...

Les Russes sont présents sur les rivages de la mer d'Okhotsk et dans la péninsule du Kamtchatka bien avant que Pierre le Grand ait donné à son empire la façade baltique et que la Grande Catherine ait pris le contrôle des côtes septentrionales de la mer Noire. Dès 1567, deux *atamans* (chefs) cosaques traversent la Sibérie et atteignent Pékin ; à leur retour, ils parlent d'énormes territoires. Les marchands Stroganov de Novgorod, spécialisés dans le commerce des fourrures, qui ont obtenu du tsar Ivan IV le monopole d'une grande partie de la Sibérie occidentale, ont recours à des cosaques du Don pour briser la résistance du khan Koutchoum afin d'étendre leurs possessions dans l'Est. C'est la mort du khan en 1598 qui vient à bout de la dure résistance des populations locales et permet aux marchands de visiter les régions jusqu'aux côtes de la mer de Behring et de développer la chasse aux animaux pour leur fourrure. Il faudra attendre le voyage du cosaque Semen Ivanovitch Dejnev pour découvrir en 1648 la pointe extrême du continent asiatique qui porte son nom depuis 1898, quand il a remplacé la veille appellation de « *East Cap* » donnée par James Cook. Les bateaux de Dejnev sont poussés vers le détroit de Behring et le traversent. Le rapport de cette expédition est enseveli sous une montagne de documents dans les poussiéreux bureaux du gouvernement de Saint-Pétersbourg et il est découvert seulement en 1736, douze ans après la première expédition de Vitus Behring, officier de la marine danoise passé au service de la Russie, qui a donné le nom à ce détroit… Avant l'importante expédition de Behring, d'autres pionniers et explorateurs visitent et prennent possession des îles Kouriles et du Kamtchatka. La Russie laisse aux chasseurs et aux marchands de fourrures la tâche de développer ces régions très inhospitalières, d'où les hommes se dirigent fréquemment en Alaska.

La création de la Compagnie américaine

En 1782, le marchand ukrainien Grigori Chelekhov crée à Okhotsk la Compagnie américaine Golikof-Chelekhov, avec l'objectif de faire la concurrence aux fourrures canadiennes qui sont vendues jusqu'à Canton, où elles arrivent après un long périple : Canada oriental, cap de Bonne-Espérance, océan Indien, mer de Chine. La Compagnie développe l'île volcanique de Kodiak, qui devient un important comptoir. En 1799, la Compagnie russe d'Amérique est fondée par le tsar Paul Ier et, sous la direction du négociant et aventurier Alexandre Baranov, la Compagnie ouvre vingt-quatre comptoirs. Ils sont distribués entre le Kamtchatka et la Californie, à l'époque sous contrôle mexicain, où est bâti le Fort Ross, à 80 kilomètres au nord de San Francisco. Ces comptoirs consolident le pouvoir de la Compagnie dans le Pacifique du Nord.

Après l'assassinat de Paul Ier, le nouveau tsar, Alexandre Ier, nomme comme conseiller privé Nicolas Rezanov, qui veut développer ces régions et envisage même d'occuper les îles Sandwich (archipel de Hawaï) pour en faire une base militaire et commerciale russe depuis laquelle conquérir les marchés asiatiques. Rezanov meurt prématurément à quarante-deux ans en 1807 et son projet ne trouve pas à Saint-Pétersbourg l'appui nécessaire ; en particulier, le gouvernement russe ne veut pas « irriter » Londres. Les projets d'annexer l'Oregon et la Californie sont aussi abandonnés et la Compagnie se concentre sur l'exploration détaillée de l'Alaska. Dès 1818, le gouvernement russe reprend aux marchands, qui détenaient la charte de commerce, le contrôle de la Compagnie. Au cours des années 1820, les profits du commerce de la fourrure commencent à décliner. En 1825, les États-Unis signent une convention reconnaissant la liberté réciproque de la pêche et du commerce sur la côte américaine et, l'année suivante, Londres reconnaît par la convention de Saint-Pétersbourg les frontières de la Nouvelle Russie américaine (en pratique l'Alaska).

Négociations et vente de l'Alaska

Fragilisée par la guerre de Crimée (1853-1856), la Russie du Pacifique se concentre surtout sur la Sibérie et réussit à obtenir du gouvernement chinois (convention de Beijing de 1860) le contrôle de la Province-Maritime (entre le cours inférieur de l'Amour et celui de l'Oussouri). La ville portuaire de Vladivostok, dont le nom signifie « domination de l'Orient », est fondée et devient un grand centre militaire et commercial. L'empire russe, en difficultés financières et craignant la menace permanente de la British Navy, cherche par tous les moyens à vendre cette grande « colonie » pour encaisser de l'argent et éviter de la perdre sans compensations. Les émissaires d'Alexandre II approchent les Anglais et les Américains pour proposer la vente de l'Alaska. Londres manifeste un intérêt marginal ; les efforts se concentrent alors sur Washington. Mais la guerre de

Sécession éclate et toute négociation doit être suspendue avec les États-Unis. Entre-temps, la Russie doit rembourser beaucoup d'argent aux propriétaires des terres données aux paysans et aux serfs à la suite de la réforme de l'émancipation de 1861, qui « offre la liberté » à 23 millions de personnes. Le gouvernement russe emprunte 15 millions de livres (à un taux de 5 %) auprès de la banque Rothschild, mais l'argent manque au moment du remboursement. Le baron Eduard Stoecki, l'ambassadeur de Russie à Washington, est chargé d'accélérer les négociations en mars 1867. Stoecki passe beaucoup de temps à distribuer des pots-de-vin aux journalistes et personnalités américaines. Il a ainsi dépensé 144000 dollars, dont 30000 pour le journal *Daily Morning Chronicles*.

L'Alaska est peuplé par un peu plus de 10000 « Russes » (2500 sont russes, les autres sont des Russes de sang mixte d'Alaska) et par environ 50000 Inuits et autochtones. Les Russes disposent de vingt-quatre comptoirs, situés essentiellement dans les ports. L'accord est finalement trouvé. Le transfert formel du territoire est effectué le 18 octobre 1867 à Saint-Archange (ville de Sitka). Cette date est calculée selon le calendrier grégorien, qui remplace à partir du jour suivant le calendrier julien, utilisé par les Russes (à l'époque, en avance de dix jours par rapport au julien). En revanche, le paiement de 7,2 millions de dollars est réalisé le 1er août 1868, environ un an après la signature du traité. En effet, le Sénat américain approuve la transaction le 9 avril 1867 et la Chambre des représentants seulement en juillet 1868, par 113 voix contre 48. Au lieu de payer en or, les États-Unis ont payé par chèque (*greenbucks* créés lors de la guerre), et non en dollars, dont la valeur est supérieure. Le chèque original est conservé aux Archives nationales de Washington. Curieusement, le bénéficiaire du chèque est le baron Eduard Stoecki !

* * *

Napoléon vend la Louisiane (22,3 % du territoire actuel des États-Unis), avec l'aide de la banque Barings (qui est anglaise !), et une partie de l'argent encaissé en 1804 finance la Grande Armée et son brillant succès à Austerlitz…

18

L'accord secret d'Achnacarry sur le pétrole (1928) fixe les prix pour un demi-siècle

En 1928, les prix mondiaux du pétrole baissent de 60 % : cela n'est pas dû à l'anticipation de la crise de 1929, mais à la chute de la demande qui avait explosé du fait de la Première Guerre mondiale, de la crise de la restructuration industrielle qui frappe les principales puissances mondiales et de l'arrivée sur le marché de l'offre nouvelle à la suite des recherches et des investissements lancés lors du conflit mondial. Henri Deterding, le président de la Royal Dutch Shell depuis 1900, qu'on surnomme le « Napoléon du pétrole », figure parmi les hommes les plus puissants du monde. Il prend une décision très risquée : il va proposer un accord « presque pervers » au président de la Standard Oil du New Jersey et à celui de l'Anglo-Persian Co., ses deux concurrents les plus aguerris et les plus dangereux.

Les trois hommes se retrouvent, officiellement pour une partie de chasse, dans un ancien château situé dans le grand nord de l'Écosse. Le château d'Achnacarry est la propriété de Sir Donald Walter Cameron of Lochiel, 25e lochiel (chef de clan écossais) d'une lignée de nobles, colonel de son propre régiment : the Queen's Own Cameron Highlanders. Après une très courte partie de chasse dans l'après-midi du 27 août 1928, les trois hommes dînent et s'enferment dans la bibliothèque du château. Même si les discussions sont accompagnées par des volutes de havane et quelques goulées de whisky produit dans les célèbres distilleries de Fort Williams (très proche), elles sont houleuses et très dures. La proposition fondamentale de Deterding s'articule autour de la création d'un cartel pour mieux contrôler l'offre. D'après le président de la Royal Dutch, chaque compagnie essaie de conquérir des parts de marché au détriment des concurrents, dans un jeu à somme nulle qui pénalise tous les producteurs-distributeurs ; la concurrence aurait donc des effets néfastes !

Un accord respecté à la lettre par les « sept sœurs »

Tard dans la nuit, les trois hommes concluent un accord qui est rédigé et signé le 17 septembre. Henri Deterding a réussi à trouver un point d'intérêt commun avec John Cadman, le président de l'Anglo-Persian, et Walter Teagle, le président de la Standard Oil du New Jersey, une des trente-quatre sociétés issues du démantèlement du groupe Standard Oil en 1911. Les clauses sont très précises. L'accord prévoit l'engagement des participants à stabiliser leurs quotas de marché au niveau de 1928, avec une clause stipulant de les réajuster en fonction de l'évolution de la demande. Tout nouvel investissement dans les usines de transformation de pétrole doit être justifié par une hausse de la demande et les usines existantes sont utilisées en commun. Toute mesure visant à augmenter d'une façon compétitive les prix de revient ou de revente est interdite. L'accord prévoit aussi le calcul, très complexe, pour fixer le prix du pétrole ; il tient compte du prix du pétrole dans le golfe du Texas, auquel il faut ajouter le prix de transport pour la livraison dans tout centre de consommation. Mais il s'agit d'un fret fictif, car il doit permettre au pétrole américain de concurrencer les pétroles du Moyen-Orient. Cette méthode est baptisée « Gulf Plus » ou « Basic Point System ». Rapidement, quatre autres grandes entreprises pétrolières adhèrent à ce cartel international : la Standard Oil of California (devenue Socal, puis Chevron), la Standard Oil of New York (devenue Socony, ensuite Mobil et enfin Exxon-Mobil), la Gulf Oil (absorbée, plus tard, par Chevron) et la Texaco (qui fusionne avec Chevron). Cette liste décline les noms des « sept sœurs », comme les avait nommées Enrico Mattei, le président de la puissante compagnie d'État italienne ENI, qui a probablement payé d'un accident d'avion mortel son opposition au groupe.

Le rôle de l'intermédiaire arménien Calouste Gulbenkian

À la fin de la Première Guerre mondiale, l'empire ottoman, le grand malade de l'Europe, se retrouve morcelé. Ainsi, le contrôle d'importantes réserves de pétrole dans les différentes régions du Moyen-Orient change de mains. Grâce aux accords Sykes-Picot (1916) et de San Remo (1920), Paris et Londres se sont réservé la part du lion, en « oubliant » les États-Unis. Le financier et philanthrope Calouste Gulbenkian entre en scène pour trouver la solution qui satisfait presque tout le monde. Il bénéficie d'une image auréolée par ses grands succès dans les négociations dans la région moyen-orientale et on l'appelle « Monsieur 5 % », taux de la commission moyenne qu'il touche sur toutes les affaires. Avant la guerre, il a fondé la Turkish Petroleum Co., dont le capital est dans les mains de l'Anglo-Persian (50 %), de la Deutsche Bank (25 %) et de la Royal Dutch Shell (25 %). En 1914, les deux derniers actionnaires lui offrent chacun une participation de 2,5 % dans le capital, gracieusement. Le 31 juillet 1928, Gulbenkian propose la dissolution de la TPC et la création de l'Irak Petroleum Co. (IPC), avec un siège social à Londres ; le capital est partagé en parts égales entre l'Anglo-Persian, la Royal Dutch Shell, la Compagnie française des pétroles et la NEDC (Near East Development Corporation, un consortium formé par cinq grandes compagnies pétrolières américaines). L'intermédiaire garde pour lui 5 % du capital. De plus, ce brillant négociateur délimite avec un crayon rouge les zones géographiques d'exploitation commune. Évidemment, il évite d'introduire le Koweït, zone du protectorat britannique. La *redline*, comme on la surnomme dans la géopolitique du pétrole, force les compagnies à travailler en commun pour chercher, extraire et exporter le pétrole produit dans les régions anciennement attribuées à la Turkish Petroleum. Cette coopération « forcée » est bien meilleure que la lutte jusqu'à la dernière goutte de sang (dernière goutte d'or noir) dans laquelle les compagnies auraient pu se lancer avec des résultats désastreux. Par ailleurs, elles s'engagent à ne pas se faire de la concurrence et, dans les limites du raisonnable, à partager toutes les informations en provenance de la zone délimitée par la « ligne rouge ». Cet accord dure jusqu'en 1948 et permet aux compagnies participantes de contrôler une importante région de la production mondiale.

La justice attaque les sept sœurs, une note du FBI arrête l'enquête

L'accord d'Achnacarry réussit à traverser le deuxième conflit mondial sans aucune violation. En revanche, il risque d'être mis en danger par l'esprit libéral et la réglementation anti-trust du Capitole. En 1951, les pratiques « illégales » des compagnies pétrolières sont assignées en justice devant la Cour suprême. Les investigations du Département de la justice, de la Commission fédérale du commerce et du Comité spécial du Sénat arrivent à la même conclusion : il est fort probable que les compagnies visées par l'enquête aient violé les lois anti-trust et il faudrait les renvoyer face à un grand jury dans le district sud de New York pour une éventuelle inculpation pénale. Mais le président des États-Unis, Harry Truman, reçoit une note confidentielle de John Edgar Hoover, le puissant directeur du FBI, qui demande avec insistance la suspension de toute action légale dans l'intérêt supérieur du pays. La « justice » s'arrête devant cette réalité, largement influencée par la guerre froide et par les changements d'équilibre qui se préparent dans le marché de l'énergie et la réalité géopolitique du Moyen-Orient. La montée en puissance de l'OPEP et les nationalisations du pétrole dans le monde arabe et au Venezuela font voler en éclats l'accord d'Achnacarry, qui aura quand même résisté pendant quarante-cinq ans ! Il faut signaler au moins deux effets importants de cette dissolution de l'accord sur le marché de l'énergie : des flux irréguliers d'investissements dans la recherche pétrolière au Moyen-Orient et une surexploitation des ressources aux États-Unis et au Canada.

* * *

Les épices dans le passé, le charbon et le fer au XIXe siècle, le pétrole au XXe ont déclenché guerres, luttes commerciales et économiques, fait et défait des empires, favorisé oligopoles et monopsones. Les terres rares vont-elles devenir le prochain champ de bataille ?

19

Le programme *Lend-Lease* américain pour aider l'URSS à lutter contre les Panzer nazis

Quand les premiers bateaux américains arrivent à Mourmansk avec l'aide américaine à l'URSS, un grand nombre de caisses sont marquées « SPAM ». Les officiers de l'intendance de l'Armée rouge cherchent sans succès ce mot dans le dictionnaire et ouvrent une caisse pour en connaître le contenu et le stocker dans les magasins destinés aux produits alimentaires. Ils se trouvent devant des boîtes de conserve produites par la société Hormel Foods, qui a déposé en 1937 le nom de la marque SPAM, l'origine de ce nom étant « Spiced Ham » (« jambon épicé »), le produit ayant été appelé « Hormel Spiced Ham » à ses débuts. Dans le cadre du programme américain *Lend-Lease*, l'URSS reçoit plus de 4,5 millions de tonnes de produits alimentaires, mais aussi un volume impressionnant de matériel civil et militaire. Au cours de l'été 1941, les services de renseignement américains font part aux hauts responsables politiques et militaires de Washington de leurs craintes quant à la possibilité pour Moscou de continuer la guerre, après l'attaque nazie. Le risque serait une paix séparée russo-allemande qui pourrait menacer directement la Grande-Bretagne, l'ensemble des Alliés et même les États-Unis. Le 25 août 1941, Londres et Washington commencent une occupation conjointe de l'Iran avec l'intention de moderniser le système ferroviaire iranien pour éventuellement le mobiliser afin de refournir l'URSS *via* le port de Bassora. Le projet est financé par les États-Unis dans le cadre de l'aide à Londres. Roosevelt reçoit des rapports indiquant que son pays devra aider l'URSS jusqu'à la fin de la guerre. Il demande de préparer une liste de biens et d'armements que Washington peut livrer à Moscou à partir du 30 juin 1942. Le 1er octobre 1941, après des discussions diplomatiques très houleuses, le protocole de Moscou est signé par les États-Unis, la Grande-Bretagne et l'URSS. Les États-Unis doivent résoudre un gros problème juridique, car la Reconstruction Finance Corp. (RFC) ne peut pas accorder de crédits sans garantie. Washington octroie alors un crédit de 50 millions à travers le Defence Supplies Corp. (une filiale de la RFC) et de 10 millions *via* le Trésor. Les deux crédits sont garantis contre des livraisons à terme de matières premières et contre de l'or qui sera livré par l'URSS au Trésor américain. Moscou a déjà payé, avec de l'or, les premiers achats réalisés aux États-Unis dans un cadre de transactions commerciales normales. Mais ces montants sont largement insuffisants ; le 28 octobre 1941, Roosevelt décide d'étendre le programme *Lend-Lease* à l'URSS sans conditions spécifiques.

Washington : de la neutralité à l'aide massive

En septembre 1939, quand la guerre est déclarée en Europe, le président Roosevelt affirme que les États-Unis resteront neutres, mais, *de facto*, il est prêt à aider Londres. Le *Neutrality Act* est signé ; il permet aux belligérants d'acheter du matériel américain sur la base de *cash and carry*, c'est-à-dire contre paiement « rubis sur l'ongle ». Les militaires américains, principalement le général George Marshall, ne veulent pas livrer du matériel militaire à Londres, car ils pensent que la Grande-Bretagne risque de s'effondrer rapidement et que Hitler pourra trouver sur le sol anglais du matériel stratégique. L'opinion publique américaine est aussi hostile à l'aide aux Européens, car elle veut éviter l'entrée en conflit des États-Unis. Le 2 septembre 1940, Roosevelt signe un accord *Destroyers for Bases* qui prévoit la fourniture de plus de 50 destroyers obsolètes à Londres contre le droit d'utiliser pendant quatre-vingt-dix-neuf ans Terre-Neuve et certains territoires sous contrôle anglais dans les Caraïbes. Le 8 décembre, Churchill envoie un message secret au président pour l'informer que son pays est dans une situation dramatique et qu'il n'est plus capable de payer les achats de matériel américain. Le 17 décembre, le président propose un programme (le *Lend-Lease)* pour prêter du matériel à Londres contre un paiement différé dans le temps. La loi *Lend-Lease* est promulguée le 11 mars 1941. Progressivement, trente-huit pays alliés vont bénéficier de ce programme et s'engagent à rembourser ces crédits avec un taux de 2 % sur cinquante ans ; le montant total grimpe à 50,1 milliards de dollars. L'aide à la Grande-Bretagne et au Commonwealth est la plus importante et atteint 30 milliards de dollars... Londres effectue le dernier paiement le 31 décembre 2006.

L'aide est essentielle pour l'URSS

Les premières fournitures américaines arrivent en URSS tout de suite après l'invasion du pays par Hitler en juin 1941 ; elles sont payées contre de l'or. Le premier convoi anglais débarque à Mourmansk. Le pays vit dans des conditions économiques dramatiques : entre 1940 et 1942, le PIB soviétique s'effondre de 34 %. L'URSS doit abandonner progressivement les mines de charbon et les centres de production industrielle situés dans les bassins du Donbass (sidérurgie et chimie lourde), dans la région de Moscou et dans les régions à l'est de la Pologne. Les riches terres noires de l'Ukraine (céréales, tournesol, coton) sont occupées par les nazis, ainsi que les terres céréalières toujours à l'est de la Pologne et en Biélorussie. Seule l'importante production de pétrole dans le bassin du Caucase reste disponible. Beaucoup d'hommes sont partis pour le front, sont prisonniers des Allemands ou bien sont morts ; il y a donc une forte pénurie de main-d'œuvre, même si les femmes entrent massivement dans la production industrielle (localisée surtout à l'est de l'Oural) et dans l'agriculture. L'économie soviétique est donc aux abois ; sans l'aide des Alliés, le pays, qui doit compter seulement sur ses soldats, ne peut plus combattre. Cinq protocoles entre Washington et Moscou sont signés entre le 1er octobre 1941 et le 1er juillet 1944 : ils marquent le crescendo de l'aide américaine, qui s'arrête le 20 septembre 1945. Les livraisons sont effectuées par trois couloirs : la « route de l'Arctique » (côte orientale américaine et canadienne-Islande-mer de Barents-ports russes), l'axe Alaska-Sibérie (Al-Sib) et le trajet persan transitant par le golfe Persique-Bassora-Géorgie ou directement de l'Iran vers la mer Caspienne. L'activité des *U-Boote* allemands et les conditions climatiques déterminent la route à suivre. Il y a peu de livraisons par l'axe côte orientale de l'Amérique-mer de Barents pendant les mois d'hiver, car les glaces empêchent la navigation. Par l'axe Al-Sib est acheminée 47,1 % de l'aide ; 23,8 % est transportée sur l'axe golfe

Persique, et 22,7 % par l'Atlantique Nord ; le reste passe par le grand Antarctique et par la mer Noire, dès que la Kriegsmarine a perdu son opérativité dans la Méditerranée. Vladivostok et la ligne ferroviaire transsibérienne jouent un rôle essentiel, car les convois américains ne sont jamais attaqués par la marine japonaise. Par ailleurs, Moscou n'a jamais autorisé l'aviation américaine à utiliser ses bases pour bombarder le Japon : Tokyo et Moscou entrent en guerre seulement à partir du 8 août 1945 !

Jeeps, camions Studebaker, M4, boîtes de conserve et même de fausses dents... !

L'industrie militaire américaine concentrée autour des Grands Lacs, les fermiers du Midwest et les fabricants de produit alimentaires (notamment les grands abattoirs de Chicago et les usines californiennes) envoient en URSS de l'armement, des munitions, de l'alimentation (surtout des conserves de viande), des métaux, des produits textiles, des machines industrielles, du matériel ferroviaire (presque 2000 locomotives et plus de 11000 chars). La route 66 (Chicago-Los Angeles), le réseau ferroviaire et les ports américains sont en effervescence. Les usines des trois grands producteurs de véhicules fonctionnent à plein régime. L'URSS reçoit 375 000 camions, en particulier ceux que produit la société Studebaker, employés pour le transport dans les plaines russes (le réseau ferroviaire est largement détruit). Les militaires russes montent sur ces camions les fameuses Katiouchas (les orgues de Staline, les lanceurs multitubes). Moscou reçoit au total 17184 chars Sherman, des M4 (produits par Ford, GMC, les usines Pullman, les ateliers spécialisés dans la production de Baldwin Locomotive) ; une nouvelle version (7 056 unités) avec des canons de 76 mm arrive en URSS au cours de l'été 1944 – les Soviétiques les appellent « Emcha » (M4 en russe). L'armée américaine voulait les employer contre les Japonais, mais les tanks de l'armée japonaise ont un blindage léger et le Pentagone décide de ne pas « sous-employer » ces chars et de les livrer à l'URSS. Beaucoup de bateaux sont fournis à l'Union soviétique : 90 cargos, 105 escorteurs-chasseurs de sous-marins, 197 vedettes lance-torpilles et 7 784 moteurs de bateau. Coton, cuir, pneus, bottes, produits chimiques et pétroliers sont envoyés vers l'URSS... auxquels il faut ajouter boîtes pour cigarettes, disques, petites trousses de maquillage pour femmes, cannes à pêche, poupées, cosmétiques… et même 13 328 prothèses dentaires ! Joseph Staline déclare en 1943 : « Les États-Unis sont un pays de machines : sans l'utilisation de ces machines du *Lend-Lease*, nous perdrions la guerre. » En revanche, l'URSS exporte vers les États-Unis du manganèse et du chrome. À la fin de la guerre, après des discussions houleuses avec Moscou, les Américains décident de couler un grand nombre de leurs navires plutôt que de les laisser aux Soviétiques et réduisent en ferraille leurs véhicules à Vladivostok, avant de les rapatrier sous cette forme. Moscou finit de régler sa dette envers les États-Unis en 1972 et une partie a été annulée.

* * *

Toute l'histoire nous a enseigné que, pour gagner une guerre, il faut des combattants courageux, une stratégie impeccable, beaucoup d'argent et une logistique bien huilée. Les légions romaines disposaient d'une logistique très structurée, la même qui a permis le débarquement du *D-Day*…

Achevé d'imprimer en Italie par Grafica Veneta
en mars 2016
Dépôt légal mars 2016
EAN 9782290120545
OTP L21ELLN000708N001

—

Ce texte est composé en Lemonde journal et en Akkurat

—

Conception des principes de mise en page :
mecano, Laurent Batard

—

Composition : PCA

—

ÉDITIONS J'AI LU
87, quai Panhard-et-Levassor, 75013 Paris
Diffusion France et étranger : Flammarion

Librio

1147